KB157560

In-Flight
Announcement
기내방송

머 리 말 PREFACE

최근 항공여행의 보편화와 저가항공사와 지역항공사의 등장 등으로 경쟁이 치열해지고 승객들의 항공서비스에 대한 기대치가 높아지는 등 항공업계는 급변하는 모습을 보이고 있다.

또한 글로벌제휴를 체결하는 항공사들이 늘어남으로써 외국인 승객의 비율이 증가하고 있어 국내항공사에서도 한국어, 영어를 기본으로 하는 기내방송 교육에 대한 교육을 강화하고 있고 보다 유능한 신입승무원을 채용하기 위해 기내방송문 읽기를 채용기준에 포함시키고 있다.

치열한 경쟁회사의 입사에는 여러 가지 조건과 환경이 부합되지만 항공승무원에 있어서 보이스 역시 중요한 부분을 차지한다.

본 교재는 여러 해 동안 항공사 객실승무원으로 근무했고 현재 승무원이 되기 위해 준비하는 학생을 직접 지도하고 있는 저자들이 실제 경험을 바탕으로 항공승무원 지망생들을 위해 쓴 책이다.

기내방송문 교재를 통하여 항공서비스 관련학과 학생 및 항공승무원 준비생들이 항공서비스 전문인이 될 수 있도록 길라잡이가 되고자 한다.

또한 독자들에게 도움이 되어 항공서비스 업계를 이끌어나갈 서비스 전문인이 많이 양성되기를 바라는 저자들의 마음을 전한다.

2015년 1월

차 례 CONTENTS

in-flight
announcement

CONTENTS

in-flight
announcement

CONTENTS

in-flight announcement

기내방송의
개요

① 기내방송의 이해
② 기내방송의 특성
③ 기내방송 시 유의사항

CHAPTER 01

기내방송의 개요

① 기내방송의 이해

 전 세계가 글로벌화 되어 세계 어느 곳이든 쉽게 방문할 수 있게 되었고 비행기가 이제는 대중적인 교통수단이 되고 있으며, 항공 여행객 수가 증가하면서 항공사 서비스에 대한 기대 수준은 점점 높아지고 기내방송은 단순한 정보전달 차원이 아닌 항공사 기내서비스 및 객실승무원의 기본 자질에 대한 평가 차원에서 매우 중요한 부분을 차지하고 있다.

 이러한 가운데 승객들의 다양한 요구에 만족할 수 있는 서비스에 대한 중요성이 커지고 있으며 항공사의 기내서비스 수준을 결정짓는 요소 중에서 하드웨어와 휴먼웨어를 함께 표현할 수 있는 기내방송에 대한 관심이 점차 증가하고 있다.

1) 기내방송의 개요

 기내방송이란 항공기에 탑승한 모든 승객들을 대상으로 실시되는 정보제공의 차원으로 기내에서 실시되는 모든 방송(In-Flight Announcement 또는 Cabin

Announcement)을 말한다. 비행 중 기내에서 발생되는 모든 상황에 대한 정보를 정해진 절차와 시점에 기내방송문에 의거하여 정확히 전달하는 것을 목적으로 하며 항공기 운항지연, 회항, Turbulence나 그로인해 발생되는 기내 서비스 지연 등의 특별한 상황이 발생했을 경우에는 기내방송을 통해 적절하고 정확한 안내가 이루어져야 한다. 즉, 기내방송은 승객들의 안락한 항공여행을 위하여 목적지 날씨, 비행시간 등 기본적으로 알아야 할 내용과 식음료와 영화 등 비행 중 제공되는 각종 기내서비스의 내용, 그리고 기내시설 이용방법과 항공여행에 필요로 하는 정보를 제공하며 이를 통하여 승객들을 효율적으로 통제함으로서 보다 안전하고 편안한 여행을 즐길 수 있도록 하기 위함이다.

비정상적인 상황이 발생했을 경우에는 신속한 상황판단 및 대처능력을 가지고 정확하고 적절한 방송을 실시함으로써, 승객들의 불안감이나 궁금증을 해소시킬 수 있다. 따라서, 비상시의 기내방송은 특별한 방송에 해당하므로 적합한 시점과 상황에 맞게 정확하게 전달하는 것이 매우 중요하며 이러한 효율적인 대처를 통하여 승객들을 통제할 수 있는 것이다.

기내방송의 종류로는 운항승무원의 방송(Cabin Announcement)과 객실승무원이 직접 본인의 음성으로 실시하는 기내방송과 사전에 녹음된 상태로 기내에 장착되어 있어 비행중이나 비상시에 사용할 수 있는 Pre-Recorded Announcement가 있다.

또한 기내방송의 성격에 따라 나눌 수 있는데, 기내에서 일상적인 서비스 절차에 따라 방송하는 Routine Announcement와 지연이나 회항과 같은 불규칙적(Irregular)상황에서 방송하는 Irregular Announcement이 있으며, 이외에 항공사별 각기 제공되는 특별 기내방송 서비스 및 공지사항, 승객의 요청에 의한 특별 주문방송 등이 있다.

2) 기내방송의 중요성

최근 항공사에 접수되고 있는 승객의 불만사례 중 기내방송에 대한 부분이 많이 차지하고 있으며, 그 가운데 객실승무원에 의해 실시되는 기내 방송에 대한 불만이 가장 많은 부분을 차지하고 있는데, 이는 객실승무원 개개인의 선천적인 언어 능력 그 자체에 의하기 보다는 익숙해진 발음, 언어습관, 사투리 등에 의한 것으로 이로 인해 방송의 질과 수준이 달라지므로 승객의 불만을 초래하게 되는 것이다.

기내방송은 기내에 탑승하게 되는 모든 승객들을 대상으로 하여 승객 의도와는 상관없이 비행내내 기내방송을 계속 듣게 된다. 기내방송 담당자가 긴 비행시간동안 여러 차례 실시하는 방송에서 억양이 부자연스럽고 발음이 정확하지 않거나 친절함과 상냥함이 묻어나지 않는 방송을 들려준다면 기내방송은 단지 듣기 싫은 소음에 불과하며 승객들은 기내서비스 뿐만 아니라 항공사 전체 서비스에 대하여 좋지 않은 인상을 갖을 수밖에 없는 것이다. 반면, 비행 중 기내방송을 통하여 듣기 편안하고 세련된 방송을 듣게 된다면 승객들은 해당 항공사와 기내서비스에 대하여 높은 수준평가와 좋은 인상을 간직하게 될 것이다.

최근 국내항공사에서는 신입승무원 채용시, 실제 방송문을 소리 내어 읽어보게 한 후 승무원 자질 평가기준에 반영하는 등 이를 채용기준의 한 항목으로 활용하고 있으며, 특히나 최근에는 객실승무원 채용면접에서 영어 기내방송문 읽기에 대한 평가가 이루어지는 만큼 한국어방송 뿐만 아니라 영어방송에 대한 정확한 이해와 꾸준한 연습이 필요하며, 이를 통해 안정감 있고 세련된 실력을 쌓아 항공사 객실승무원으로서의 자질을 갖출 수 있도록 노력해야 한다.

3) 기내방송의 자격

객실승무원은 해당 항공사에 실시하는 기내 방송 자격시험에 응시하여 방송자격을 취득하여야만 기내에서 기내방송을 실시할 수 있는데 객실승무원이 기내 방송 자격을 취득하기 위해서는 사전에 한국어, 영어, 일본어, 중국어 등 다양한 언어로 이루어진 기내 방송 매뉴얼상의 방송문을 토대로 하여 지속적인 훈련을 해야만 한다. 기내방송 자격 취득심사는 해당 항공사 기내방송 교관이 실시하며, 일정의 심사 기준에 따라 객실승무원들에게 방송자격을 부여하고 있다. 이를 통하여 취득된 방송자격 취득자는 기내에서 방송을 실시할 수 있는 자격이 생기며, 향후 진급에도 영향을 미친다.

기내방송은 보통 해당 항공편의 객실사무장이 여승무원 중 방송자격 보유 승무원에게 방송업무를 부여하는 것을 원칙으로 하며, 그 중 방송자격 승무원이 두 명 이상일 경우에는 최상위의 방송자격 보유자 그리고, 선임승무원 순으로 담당한다. 국내선에서의 경우 최상위 방송자격 보유 소지자가 사무장 업무를 수행하게 되는 경우가 있는데, 이러한 경우 탑승환영방송(Welcome)과 승객하기방송(Farewell)을 제외하고 이외의 일반적인 기내 안내방송은 최상위 방송자격 소지자인 사무장이 실시하고 있다.

방송 사고에 대한 1차적인 책임은 방송을 실시한 객실승무원에게 있으므로 최상의 방송이 될 수 있도록 해야하며, 객실사무장 또한 기내의 모든 제반업무에 대한 책임자이므로 기내방송이 잘 실행될 수 있도록 방송 Duty를 부여하고 최종 책임자로서의 역할을 해야만 한다.

② 기내방송의 특성

기내방송은 사람의 오감 중 단지 청각적인 형태인 음성언어로만 전달되기 때문에 방송을 실시하는 승무원의 목소리가 무엇보다도 중요하다고 할 수 있다. 또한 최근에는 기내방송의 내용 및 횟수도 증가하여 항공사의 기내서비스 수준을 결정짓는 중요한 요소로도 평가되고 있다. 그렇기 때문에 객실승무원은 정보와 의미를 정확하고 효과적으로 전달하기 위해 기내방송에 대한 정확한 방법과 지속적인 연습을 통해 방송에 임할 수 있도록 해야 하며, 올바른 표준어식의 발음과 자연스러운 억양, 알맞은 크기의 소리와 호흡, 적당한 속도, 그리고 밝고 상냥한 느낌의 톤과 표정 등으로 방송을 해야 한다.

1) 기내방송의 역할

　기내방송이 일반적으로 다른 방송과 다른 점이 있다면, 뉴스를 진행하는 앵커의 방송처럼 정확성을 토대로 하여 정보를 전달해야하며, 백화점이나 홈쇼핑의 방송처럼 목소리에 상냥함과 친절함이 베어 있어야하며, 지하철·버스 등의 공공기관에서 들을 수 있는 방송에서의 경우처럼 사람에 따른 이질성이 승객으로 하여금 크게 느껴져서는 안 되며 동일한 기준과 원칙 하에서 진행되어야 한다는 것이다.

　수행하는 서비스의 질을 최우선시 하는 항공사에서 항공기를 이용하는 승객들에게 승무원의 이미지는 매우 중요하다고 할 수 있다. 이미지를 결정하는 구성요소를 나타내는 메라비언 차트에 따르면 비언어적인 요소인 청각적인 이미지(38%)는 시각적인 이미지(55%) 만큼이나 중요하며, 특히나 협소한 장소에서 장시간 서비스를 주고받는 객실이라는 공간에서 청각적인 이미지의 성공적인 전달은 승객들로 하여금 신뢰감과 친절함을 느낄 수 있도록 한다.

　흔히 청각적인 이미지에 해당하는 목소리를 통하여 상대의 기분이나 표정까지 읽을 수 있다. 기내방송의 기본은 밝은 표정과 바른 자세에서 시작되는데, 좀 더 구체적으로 방송담당자의 얼굴표정과 앉거나 서 있는 자세 등에 따라 음성의 명확성과 전달력이 다를 수 있다.

2) 기내방송의 절차

　기내방송이란 비언어적인 요소인 청각적인 이미지에 의하여 승객들에게 정확하고 효과적인 의미가 전달되는 것이므로, 아래의 내용을 익히는 것이 중요하다고 할 수 있다.

① 모든 기내방송은 방송 메뉴얼 상의 절차와 내용에 따라 실시해야하며, 뜻하지 않은 비정상적인 상황에서 매뉴얼상의 원문이 아닌 임의의 문안으로 실시한 경우에는 비행 종류 후 소속부서에 보고조치 해야 한다.

② 기내방송은 가장 효과적으로 승객들에게 정확한 정보를 전달하기 위하여 항공사에서 가장 간결하고 부드러우며 정중한 문체들로 만들어져 있으므로, 방송문의 원문을 임의로 변경하여 낭독해서는 안 된다.

③ 항공기의 출발지연 또는 도착지연과 같은 상황이 발생할 경우, 최초 발생 직후부터 그 이후로는 변동사항이 발생할 때마다 즉, 5~10분마다 안내방송을 실시하여 그 상황을 신중하고 유연하게 대처한다. 또한, 승객들에게 지연원인과 출·도착 관련 정보를 정확하게 제공하여 승객들의 불안감을 최소화하고 불만이 생기지 않도록 해야 한다.

④ 날씨, 목적지 관련사항 등 승객에게 전달하고자 하는 내용을 정확하게 수집·정리하고, 각 노선별 특성을 고려하여 방송할 수 있도록 한다.

⑤ 기내방송은 반드시 각 언어의 기본이 되는 언어별 표준발음법을 기준으로 한 표준어로 방송을 해야 하며, 승객들 위주의 경어를 사용하되, 지나치게 어려운 단어들은 삼가고 친근하고 부드러운 음성의 톤으로 방송한다.

⑥ 기내 방송문의 경우 문장의 길이가 내용이나 언어별로 다소 다를 수 있으므로 상황에 맞는 적절한 성량과 톤(tone)을 유지하며 문장길이에 따라서 호흡을 적절히 조절해야한다.

⑦ 기내에서 방송하는 경우 출·도착 시간, 남은비행시간, 목적지의 날짜 및 시각, 도착지 온도, 면세범위 등의 숫자와 관련된 방송을 하는 경우가 많은데, 이러한 경우에는 무엇보다도 정확한 정보전달이 매우 중요하며 남은 비행시간이나 도착 예정시간과 같은 운항관련 방송을 하는 경우에는 Air Show[1] 상의 시간을 참고하는 것이 좋다.

---

1) 기내의 스크린, 모니터를 통해 운항관련 정보를 제공하는 기내 시스템

3) 기내방송의 기준

기내방송의 경우 국내·외 항공사가 모두 기내방송을 실시하고 있지만, 제공하는 언어별 기내방송의 수는 다르며 기본적으로 노선에 따라 2~3개의 언어를 실시하고 있고, 최대 4개의 언어까지 방송할 수 있다.

- 국내선 : 한국어 – 영어
- 국제선 : 한국어 – 영어 – 현지어(또는 제2외국어)
- 내국인으로 구성된 국내 및 국제선 : 한국어 방송만 실시
- ※ 승객 점유율에 따라 사무장 판단 하에 외국어 방송 실시 가능

현지어의 경우 현지 승무원(local crew)이 동승했을 경우 현지 여승무원이 우선적으로 실시하며, 그 다음으로 승무원(home crew) 중 해당 언어 방송자격 보유자가 실시한다. 또한, 일부 비행 노선에서 현지 승무원 미탑승으로 현지어 방송이 어려운 경우 사전에 녹음된 녹음방송(Pre-Recorded Announcement)을 활용하는 방법이 있다.

③ 기내방송 시 유의사항

기내방송은 승객에게 알리고자 하는 내용을 명확하게 전달하고자 하는 본연의 목적 이외에도 승객에게 친절한 서비스를 제공하는 마음으로 기내 방송 담당업무를 부여받은 객실 승무원은 전체 승무원을 대표한다는 생각으로 책임감을 갖고 신중하고 정성스럽게 방송에 임해야만 한다. 이에 자연스러운 방송이 될 수 있도록 담당 객실 승무원은 발음, 억양, 톤, 속도 , 음량에 유의해야 하며 방송문을 잘 이해하고 암기하여 능숙하게 잘 읽을 수 있어야 한다.

1) 기내방송 요령

① 기종별로 방송시스템과 마이크 감도와 음량이 다르므로 사용법과 상태를 미리 점검하도록 하는데, 마이크는 Pre-Flight 체크에서 'PA Test' 방송을 반드시 실시하여 Volume이나 잡음 발생 등의 성능을 미리 확인한다.

② 최적의 방송환경을 만들기 위하여 마이크 사용 시, 마이크와 입술과의 거리는 2cm 내외로 하고 송화기에 입술이 정면으로 향하도록 하여 음량 및 명료도가 좋은 상태로 유지되도록 한다.

③ 발음은 정확하게 하고 특히나, 띄어 읽기와 강조해 읽기 부분을 구분하여 다시한번 확인한 상태에서 밝게 미소 짓는 표정을 유지하며 편안하며 친근감 있는 친절한 느낌의 목소리로 방송하도록 한다.

④ 적당한 Pause를 유지하며 동일한 억양이 반복되지 않도록 변화를 주되, 멋 부리기 식의 독특한 억양이 습관이 되지 않도록 주의하며, 특히나 외국어 방송은 더욱 또박또박 차분히 방송하여 의미전달이 잘될 수 있도록 해야 한다.

⑤ 기내방송 중 문장이 긴 경우에는 승객들이 이해하기 쉽도록 단락을 구분하여 적절히 띄어 읽기를 하며, 주요한 단어에 좀 더 힘을 실어 읽도록 하여 승객들이 편안하고 쉽게 방송을 이해할 수 있도록 한다. 또한, 적절한 속도와 띄어 읽기를 하여 의미가 전달되는데 혼돈이 생기지 않도록 한다.

⑥ 기내방송은 PA(Pre-Recorded Announcement)를 통해 한번 승객들에게 전달이 되면 다시 번복하기가 매우 곤란하기 때문에 방송담당 객실승무원은 방송시점 및 방송일자를 정확히 준수하여 방송해야하며, 목적지 날씨 및 출·도착지 관련 사항들을 전달하고자 할 때에 특히나 국제선의 경우 검역이나 세관에 관련된 안내사항이나 해당 국가의 시차, 현지시간 등의 방송에서는 정확한 정보를 수집을 통한 정보전달에 유의해야 한다.

⑦ 항공사별로 회사홍보 및 타 부서와의 업무협조 차원에서 특별한 이벤트를 진행하거나 승객들에게 홍보해야 하는 경우가 있는데, 이 경우에는 짧다고 하여 방송을 생략하거나 해서는 안 되며, 반드시 실시해야 한다.

in-flight announcement

호감가는 스피치 및 발성법

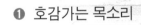

호감가는 스피치 및 발성법

 **① 호감가는 목소리**

    대중 앞에서 효과적으로 자신의 의견을 전달하기 위해서는 생각을 논리적으로 정리하는 것도 중요하지만 듣기 좋은 목소리로 전달하고자 하는 내용을 명확하게 말하는 것은 화자 및 청자 모두에게 의견이 잘 전달되었다는 긍정적인 커뮤니케이션의 증거라고 할 수 있다.

    말하기는 다른 사람들과 좋은 관계를 맺기 위하여 반드시 필요한 과정이며, 첫인상이 좋지 않은 사람과 1분 동안 함께 있었다면 그 안 좋은 느낌을 없애기 위해서는 60여분 이상을 따로 만나야 기존의 인상과 느낌을 지울 수 있다는 결과에서 보는 것과 같이 전달되어지는 내용과 함께 말은 사람의 인상을 결정하기도 한다. 따라서 말하기는 화자가 의도하거나 설득하고자 하는 내용을 전달하기 위해 꼭 필요한 능력이라고 할 수 있다.

    말은 단순히 그 내용만이 중요한 것이 아니라, 그것을 전달하는 이미지 즉, 화자의 외모, 의상, 제스처, 표정, 눈빛 같은 비언어적 요소도 중요하다. 말, 스피치는 이미지라고 할 수 있기 때문에, 청자는 말의 내용뿐 아니라 화자의 인상과 외모에도 영향을 받는다. 따라서, 내용이 조금 부족하더라도 좋은 인상과 자신감을 보여주면 말 잘하기에 힘을 실을 수 있는 것이다.

좋은 목소리 즉, 화자의 생각과 아이디어를 잘 전달할 수 있는 목소리는 발음이 분명해야하며, 무엇보다도 전달하고자 하는 내용에 대한 확신과 명확성이 있어야 한다. 이는 말 한마디 한마디에 힘을 실음으로써 스스로가 하는 말을 진정으로 믿고 확신하고 있다는 느낌을 줄 수 있기 때문이다. 또한 말을 할 때에는 발음은 문장이 완전히 끝날 때까지 분명하게 하며 억양은 대화하듯이 진행한다. 급하게 발음하거나 어린아이들이 어리광을 부릴 때 하는 것처럼 콧소리를 내거나, 지나치게 흥분해서 숨찬 목소리를 이야기하는 것은 좋은 목소리라고 할 수 없으며 이런 경우에는 발음이 불분명하게 되는 것이다. 따라서 여유를 가지고 차분하고 침착하게 말하는 습관을 기르는 것이 좋다.

객실승무원으로서 고객과의 응대 및 기내방송은 기본적으로 충실해야하는 서비스라고 할 수 있기 때문에 특히나 거부감 및 부담을 주거나 잘못 알아듣는 말로 표현한다면 고객이 불만족할 수밖에 없으며, 반대로 상대방이 편안하고 잘 알아들을 수 있도록 부드럽고 명확하게 말하는 것이 올바른 표현방법이라고 할 수 있다.

좀 더 구체적으로 '좋은 목소리'와 '좋지 않은 목소리'로 구분하여 살펴보기로 하고, 더불어 좋은 목소리를 내기위한 방법을 아래의 내용을 통하여 알아보고자 한다.

▶ 좋은 목소리

- 선천적으로 타고난 본인만의 고유한 건강한 목소리
- 목소리의 톤이 낮으면서 떨림이 없는 목소리
- 언어로 표현 시, 음절에 구애받지 않고 자신 있고 당당하게 표현하는 목소리
- 상황, 장소, 감정에 따라서 적절이 표현할 수 있는 목소리
- 자연스럽게 말하되, 발음이 분명한 목소리
- 밝고 맑으며 미소와 친절이 베어나는 목소리
- 회화적인 음률의 변화와 음의 고ㆍ저 및 강ㆍ약 등의 표현이 자율적인 목소리
- 친근감과 안정적인 목소리

▶ 좋지 않은 목소리

- 무기력한 목소리
- 퉁명스런 목소리
- 거칠고 쉰 듯한 목소리
- 단조로운 목소리
- 어둡고 구슬픈 목소리

- 콧소리가 나는 목소리
- 불안하고 침착하지 못한 목소리
- 너무 낮거나 높은 목소리
- 차갑고 무서운 목소리

▶ 좋은 목소리를 내기 위한 방법

- 육체적 · 정신적으로 건강을 유지해야하며, 특히나 음성에 영향을 주는 기관 (후두, 공명강, 호흡기, 청각기 등)의 질환에 주의해야한다.
- 담배를 금하고 과음하지 않는다.
- 큰 소리를 내거나 성역 이상으로 확대하지 않는다.
- 적당한 휴식과 충분한 수면이 필요하다.
- 특히 환절기나 건조한 날씨에 목소리 관리에 더 신경쓴다.
- 목에 좋은 유자차나 모과차를 마시고, 건조함을 주는 커피나 카페인 종류의 음료는 가급적 피하도록 한다.

위에서도 언급했지만 좋은 목소리는 선천적으로 타고난 본인만의 고유한 건강한 목소리라고 할 수 있다. 좀 더 편안한 나만의 목소리를 찾으면 소리내기가 정말 편해지며, 한결 정확하고 부드러워질 수 있다. 따라서 본인만의 키톤을 찾고 그것을 유지하는 것이 중요하다고 할 수 있다.

우선 키톤(key tone)을 찾기 위해서는 다리를 어깨너비로 벌리고 편안한 선 자세를 취한 후, 어깨를 내려 몸의 긴장을 푼다. 가장 아래에 있는 갈비뼈 중간지점을 '명치'라고 하는데, 이때 누르면서 소리를 내어보면 그 소리가 바로 본인의 키톤이 되는 것이다. 본인의 키톤을 항상 기억하여 발음 및 다양한 방송문 훈련을 하면 좋은 목소리 찾기에 도움이 될 수 있다.

말을 잘 하기 위해서는 나침반의 역할이 필요하다. 현재 나의 상태를 파악하고 원하는 방향으로 훈련을 해야 하는데, 아래의 표에서 나타나듯이 말하기 구성요인이 바로 나침반의 역할을 하는 것이다.

〈말하기 구성요인〉		
언어적 요인	• 음성적 요인 : 얼마나 정확히 부드럽게 말하는가	• 내용 : 내용을 얼마나 논리적으로 잘 표현 하는가
비언어적 요인	• 외모ㆍ외형 : 상황에 알맞은 옷을 입고 준비를 했는가	• 몸짓언어 : 사람들을 보며 적절한 제스처 사용 • 공간언어 : 서로간의 적정한 거리를 두는가

말하기 구성요인은 음성적요인과 내용으로 이루어진 언어적 요인과 외모ㆍ외형과 몸짓언어, 공간언어 등의 비언어적 요인으로 나눌 수 있는데, 이 중 효과적인 기내방송을 수행하기 위하여 필요한 음성적 요인에 관해서만 살펴보기로 하겠다.

음성적 요인은 습관처럼 자리 잡기 쉬워 시간이 가면 갈수록 고쳐지기 더 힘들기 때문에 수시로 연습과 훈련을 병행하는 것이 좋은 말하기 습관에 도움이 될 수 있다. 음성적 요인은 크게 발성, 발음, 억양, 속도, 쉬기, 크기 및 강세 등의 여섯 가지로 나눌 수 있다.

① 발성

소리는 배에서부터 나와 성대를 울리고 혀와 입술의 위치에 따라 나오며, 이 때 중요한 것은 소리가 꺾이지 않고 바르게 발성하는 것이 중요하다. 예를 들어, 아나운서가 뉴스를 진행할 때 바른 자세를 유지하는 것은 좋은 소리를 내기 위함으로 자세가 구부정하면 소리가 나오다가 꺾이게 되어 맑은 소리가 나오는 것을 방해하게 된다. 따라서 바른 자세를 유지한 상태로 소리의 울림과 명료함이 있을 때 까지 연습해야 한다.

② 발음

주변의 시끄러운 소리의 경우 물리적 소음이라고 하며, 다른 사람의 말에 관심이 없거나 집중을 하지 않고 딴 생각을 하는 사람들의 경우 소리는 심리적 소음이라고 한다. 사람은 보통 물리적·심리적 소음에 영향을 받는데, 이때에 입을 제대로 안 벌리고 정확한 발음을 하지 않게 되면 의사전달에 있어서 명확성이 떨어지게 된다. 소리의 크기도 중요하지만 발음을 명확하게 하면 더욱 말이 잘 전달되게 되며, 같은 내용을 말하더라도 정확한 발음으로 얘기할 경우 더욱 신뢰감이 생기고, 강한 느낌을 주어 내용전달이 잘 될 수 있다.

③ 억양

사람들은 일반적으로 목소리의 높이와 크기를 혼동하는데 크기는 강·약을 가리키고, 높낮이는 억양을 나타낸다. 보통 말을 할 때는 앞 음절에 강세를 주고 부드러운 파도처럼 일정한 리듬을 가지고 마치 노래를 부르듯이 자연스러운 억양으로 말하는 것이 가장 좋다. 녹음기를 이용하여 연습을 하되, 특히나 어미가 올라가지 않도록 주의하며 반복적으로 연습 하도록 한다.

④ 속도

알맞은 속도를 가지고 말을 하는 것이 중요한데. 보통 사람들은 말을 할 때 긴장하면서 말이 빨라지게 되며, 말이 빨라지면 발음이 부정확해지게 되고, 가끔은 청자들이 듣기를 포기하고 딴 생각을 하게 되기도 한다. 모든 문장을 똑같은 속도로 말하는 것은 좋지 않으며, 빠르고 느리게 말하기를 구분하여 말 할 수 있도록 한다.

▶ 빠른 속도로 말해야 하는 경우

- 쉽거나 중요하지 않은 내용일 경우
- 사건을 단순히 나열하고자 하는 경우
- 듣는 사람이 비교적 이해하기 쉬운 내용일 경우
- 누구나 보편적으로 다 알고 있는 사실을 말하는 경우

- 어렵거나 강조하고 싶은 내용인 경우
- 숫자, 인명, 지명, 연도, 날짜, 편명 등을 말하는 경우
- 감정을 억제해야하거나 분명한 사실을 말하는 경우
- 의혹을 일으킬 만한 내용을 말하는 경우
- 결과를 먼저 말하고 원인을 나중에 말하는 경우

⑤ 쉬기

쉬기란 소리를 내지 않고 짧게 멈추는 것을 말한다. 쉬는 간격을 통하여 화자가 말하기에 자신이 있는지 없는지를 차악할 수 있는데, 예를 들어, 자신감이 있는 사람들은 여유 있게 적절히 쉴 줄 알고, 자신감이 없는 사람의 경우에는 긴장을 많이 해서 말을 빠르게 하는 경향이 있다. 말이 빨라지게 되면 문장과 단어모두 제대로 쉬지 못하고 발음도 명확하지 않아 호흡이 빨라지므로 결국 목소리도 떨리게 되는 것이다. 따라서 일반적인 말하기의 경우에서도 그렇고 특별히 중요한 부분을 이야기 할 때는 문장 사이를 적절히 쉬어 주는 것이 중요하다.

⑥ 크기 · 강세

보통 말하기에서의 경우 크기와 강세를 장소와 상황에 따라 달리해야 한다. 또한 전체적인 흐름 속에서 강조하고 싶거나 중요한 부분에서 소리를 크게 내면 더욱 효과적으로 말이 전달될 수 있다.

 목소리를 위한 요소

일반적으로 목에서 빠른 속도로 부딪쳐서 거칠게 나오는 목소리는 듣기에 거북할 수 있다. 하지만 좋은 목소리는 소리가 전달될 때에 주변의 구강(입), 비강(코), 두성(머리)의 울림을 통해서 밖으로 표출 되어 나오는 울림소리로 이를 '공명'

이라고 하며, 본인에게 타고난 순수한 목소리에 공명의 소리가 합해지면 부드러움과 편안함을 느낄 수 있는 목소리를 낼 수 있다. 다시 말해, 공명으로 소리를 낸다는 것은 깊은 호흡으로 말을 하고, 톤은 차분하게 아래쪽으로 내려와 있게 되는 것이다.

우리의 목소리는 목에서만 나온다고 생각할 수 있지만, 보통 우리가 마시는 공기가 말이 되어 전달되기까지 목소리는 후천적인 영향이 크며, 훈련을 통해서 교정할 수 있다. 또한 음성과 음색도 훈련여하에 따라서 충분히 맑고, 부드럽고, 톤과 음량 그리고 속도가 청자가 듣기에 적절하게 조절 될 수 있다. 결국 호감 주는 목소리는 단지 꾸며서 나오는 것이 아니라, 깊고 풍부한 목소리가 나오도록 평소에 복식호흡과 발성·발음 훈련을 지속적으로 해야 하는 것이다. 이에 본 단원에서는 복식호흡과 발성·발음 훈련의 요령에 대하여 알아보고자 한다.

공명 목소리를 내려면 복식호흡을 해야 하는데, 좀 더 구체적으로 복식호흡을 하는 방법을 알아보기로 하자.

1) 복식호흡

복식호흡이란 가슴 위로 얕은 호흡이 아니라 공기를 배로 보내면서 깊게 쉬는 심호흡을 말하며, 좋은 목소리와 건강한 목소리를 만드는 결정적인 요인은 바로 꾸준한 복식호흡의 연습과 익숙해진 방식이라고 할 수 있다.

복식호흡	흉식호흡
안정적인 목소리 형성(중·저음)	어깨, 가슴으로 호흡하므로 에너지 소모도 많음
성대의 과도한 긴장을 줄여 성대접촉이 쉬움	가슴에서 얕게 호흡하여 한 번에 들이마시는 폐활량이 적음
공명이 많은 소리를 내어 음성을 매력적으로 만듦	얕고 좁은 호흡으로 빈약하고 조급한 목소리를 낼 수 있음
호흡량이 많아져 말의 속도를 조절가능 함	여러 번 되풀이할 경우 숨이 차고 힘듦
호흡이 충분하여 좀 더 여유 있게 말할 수 있음	짧은 내용의 말하기에도 목이 쉽게 잠기게 됨

 스피치나 방송을 할 때 그리고, 기내에서 방송을 담당하는 객실승무원의 경우 호흡법은 숨을 들이마실 때는 배가 자연스럽게 나오고 말이나 방송을 할 때는 배에 힘이 들어가는 복식호흡이 매우 중요하고 할 수 있다.

 이렇듯 복식호흡을 위주로 하되, 목소리를 크게 의식하여 목에 힘이 들어가면 제대로 소리가 나오지 않기 때문에, 편안하게 몸을 이완시킨 상태에서 복식호흡을 여러 번 연습한다.

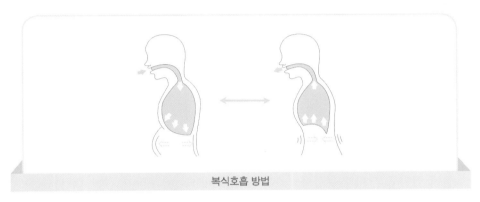

복식호흡 방법

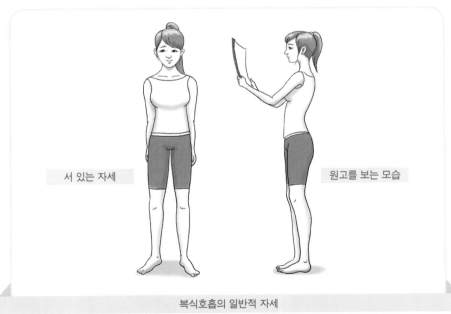

서 있는 자세   원고를 보는 모습

복식호흡의 일반적 자세

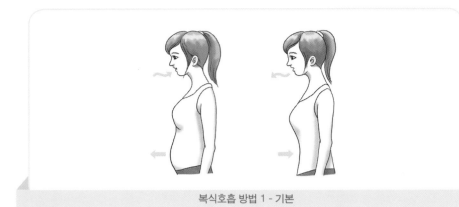

복식호흡 방법 1 - 기본

(1) 복식호흡 방법 1 - 기본

　① 어깨에 힘을 최대한 뺀 상태에서 상반신을 반듯하게 세우고 가슴은 쫙 편 상
　　 태를 유지하며 다리는 어깨너비 정도로 벌려주어 몸의 중심을 잡아 호흡하기
　　 에 편안한 자세를 취한다. 이때, 차분한 마음을 유지하기위하여 잔잔한 음악
　　 이나 눈을 감고 호흡 연습을 하는 것도 도움이 된다.

　② 입은 다물고 배가 부풀도록 코로만 숨을 천천히 들이 마신다.

　③ 내쉴 때는 입으로만 들이마실 때 보다 더 천천히 후~~~ 하며 공기를 뱉어낸다.

　④ 몸에 힘을 뺀 상태를 유지하며 10~12회 반복한다.

　⑤ 호흡만 들이고 내쉰 이후에 발성연습에서처럼 "아, 에, 이, 오, 우~~~"등의
　　 단어를 사용하여 복식호흡을 함께 연습한다.

(2) 복식호흡 방법 2 - 허리를 구부린 자세

　① 다리를 어깨너비로 벌린 상태에서 아랫배 배꼽의 위치에 엄지손가락이 위치
　　 하도록 공수자세를 취한상태에서 그 부분 단전에 공기가 들어가는 것을 느끼
　　 며 코로 숨을 깊이 들이마신다(숨을 빠르게 들이마시는 것과 숨을 천천히 들이마시는
　　 것을 번갈아 반복하며 훈련한다.).

복식호흡 방법 2 - 허리를 구부린 자세

② 배가 부풀어 오른 것을 확인하고 천천히 머리부터 허리까지 직각을 유지하면서 숨을 천천히 내뱉는다.

③ 완전히 몸이 직각을 이루었을 때 뱃속의 호흡을 전부다 내보냈다고 생각하며, 다시 반대로 몸을 천천히 세우면서 다시 숨을 들이마신다.

④ 몸에 힘을 뺀 상태를 유지하며 10~12회 반복한다.

(3) 복식호흡 방법 3 - 앉은 자세

① 허리를 펴고 어깨에 힘을 뺀 상태에서 책상다리로 바닥에 앉는다.

② 손의 위치는 공수자세를 취했을 경우 배꼽에 엄지손가락이 위치하도록 하여, 단전에 숨이 들어갔을 때 배가 부풀고 나갔을 때 배가 홀쭉해지는 느낌을 가져본다.

③ 처음 4초간 들이마시고 내뱉는 것은 그것보다 긴 8초간 서서히 내뱉으며, 이와 같은 방법으로 시간을 더욱 단축하여 2초간 들이 마시고 4초간 숨을 내뱉는 동작을 반복한다.

복식호흡 방법 3 - 앉은 자세

④ 또한 4~5초간 숨을 들이마시고 1~2초 단위로 스타카토 하는 식으로 "후~ 후~~" 하며 숨을 나누어 내뱉는다.

⑤ 전반적으로 호흡은 들숨보다 날숨을 더 길게 하며 훈련한다.

(4) 복식호흡 방법 4 - 누운 자세

① 복식호흡을 가장 쉽게 적용하며, 편하게 할 수 있는 자세는 누워서 하는 자세이다.

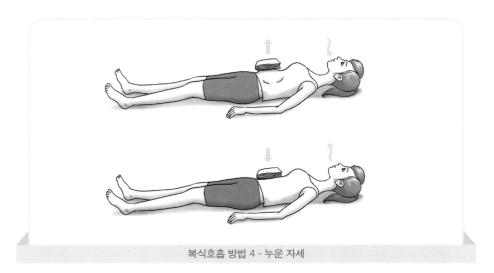

복식호흡 방법 4 - 누운 자세

CHAPTER 02

② 편하게 누운 상태에서 전신에 힘을 빼고 들숨과 날숨을 확인해 본다.

③ 앉은 자세에서의 복식호흡방법과 마찬가지로 처음 4초간 들이마시고 8초간 서서히 내뱉고 이후, 2초간 들이 마시고 4초간 숨을 내뱉는 동작을 반복한다.

④ 또한 4~5초간 숨을 들이마시고 4~5초간 호흡을 멈추고 다시 4~5초간 숨을 내쉰다.

⑤ 이 때도 마찬가지로 호흡은 들숨보다 날숨을 더 길게 하며 훈련한다.

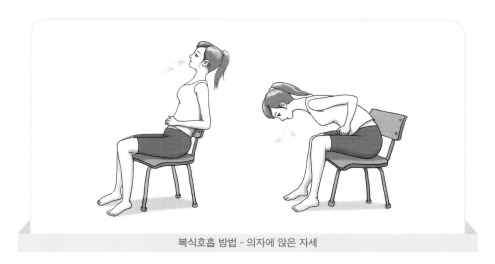

복식호흡 방법 - 의자에 앉은 자세

2) 좋은 목소리를 내는 방법

① 좋은 목소리를 내기 위해서는 우선 입모양은 크고 정확하게 하고 혀의 움직임은 최대한 줄이고 위치는 낮게 하며, 어려운 단어를 말할수록 띄어 읽기를 제대로 해준다.

② 복식호흡의 방법을 제대로 숙지하여 말하기 전 발성연습을 충분히 하며, 뱃속 가득히 호흡을 집어넣고 다시 내뱉는 것을 반복하며 호흡을 자유자재로 조절할 수 있도록 한다. 사람은 들숨이 아닌 날숨에 말을 하는데, 바로 이 원리로 날숨이 깊고 많을수록 좀 더 정확하고 큰 소리로 말을 할 수 있는 것이다.

③ 말을 하는 경우에 일자 톤이 아닌 노래를 부르거나 목소리가 파도를 타는 기분으로 리듬감을 넣어서 이야기 하도록 한다.

④ 목소리 훈련이전에 스스로의 목소리가 어떤지 진단하는 것이 필요한데, 자신의 목소리를 진단하고 훈련하는 가장 좋은 방법은 목소리를 녹음해서 듣는 것이다.

자신의 목소리를 녹음해서 듣게 되면 타인이 느끼는 나의 목소리를 들을 수 있게 되어 남이 듣는 나의 목소리가 어떤지 정확히 파악하여 보다 듣기좋은 목소리로 개선해 나갈 수 있다.

3) 올바른 발성 훈련방법

말하기를 할 때에 좋은 음성을 가지고 접근한다면 분명 신뢰감을 주고 좋은 이미지를 만드는 데 큰 역할을 할 수 있다. 발성연습을 꾸준히 한다면 목소리를 보다 매끄럽고 부드럽게 만들 수 있다.

좀 더 자세히 발성 훈련방법에 대하여 알아보기로 하자.

'ㅔ'와 'ㅐ' 발음 구별하기   목의 아치 넓히기

(1) 발성연습 1

발성을 위한 기본자세는 전신의 힘을 빼는 것이 가장 중요한데 손과 팔을 상하좌우로 흔들어 보고 머리와 어깨를 흔들어가며 긴장을 풀도록 한다. 몸의 중심은 발톱 끝에 두며, 복근은 약간의 힘이 들어간 듯한 상태에서 자세를 바르게 한다. 또

한 눈은 자신의 눈높이보다 약간 높은 곳을 응시하며 특히 목에 힘이 들어가지 않도록 한다. 발성훈련을 위한 기본자세가 갖추어지면 이후 위에서 배운 복식호흡법을 이용하여 훈련하도록 한다.

　거울 앞 연습을 통해 자신의 모습을 체크하여 허리, 등, 머리 등이 한쪽으로 치우치거나 굽지 않고 일직선이 되었는지 확인하도록 하며, 발성연습을 할 때 발음은 재채기를 할 때와 마찬가지로 성대를 통해서 공기를 곧장 앞으로 내뿜는다.

아	입술에 크게 힘들 주지 않고 앞니가 보일 정도로 입을 벌린다. 혀끝을 아랫니 안쪽에 약간 닿을 정도로 내려주며, 숨을 내뱉을 때 '아-' 하고 길게 발음한다.
어	윗입술을 '아' 발음할 때보다 더 높이 벌리고 아랫입술은 약간만 벌려주며 혀끝은 아랫니 안쪽 깊숙이 아래로 동그랗게 오므려 붙이는 것처럼 하고 힘은 주지 않는다. 목구멍을 위·아래로 늘여주는 기분으로 숨을 내뱉을 때 '어-'하고 길게 발음한다.
오	위·아래 입술을 동그랗게 모양을 만들고, 혀의 위치는 약간 아래로 오게하여 내리고 '오-'하고 발음한다.
우	입술을 앞으로 내밀어 작은 원을 만들고 촛불을 부는 느낌으로 힘을 빼고 발음한다. 아랫니와 윗니 사이를 좁게하고 혀는 약간 오므려서 아래로 약간 내리고 '우-'하고 발음한다.
으	입술과 치아가 벌어진 정도를 같게 만들며 최대한 입에 힘을 빼도록 한다. 혀는 편하게 아랫니 안쪽에 약간 닿으며 '으-'하고 발음한다.
이	'으'와 비슷한 정도로 입을 벌리면서 양쪽 입 꼬리에 힘을 주며 옆으로 좀 더 당긴다. 혀끝은 아랫니 안쪽에 붙이고 '이-'하고 발음한다.
에	입을 아래로 벌리며 약간 크게 벌린다는 느낌으로 발음하며, 혀끝은 아랫니 안쪽에 대고, 혀의 양옆은 윗 어금니의 일부분에 살짝 댄다.
애	'에'발음보다 조금 더 입을 크게 벌린다. 혀끝은 똑같이 아랫니 안쪽에 넓게 붙여서 '애-'하고 발음한다.

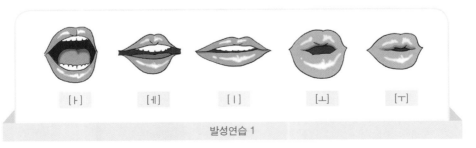

발성연습 1

(2) 발성연습 2

좋은 목소리를 갖기 위하여 5단계 발성훈련을 꾸준히 하도록 한다.

발성훈련 할 경우

첫 번째, 음량의 크기는 같게 한다.

두 번째, 소리 내는 시간을 같게 한다.

세 번째, 음색을 동일하게 유지하여 소리를 낸다.

네 번째, 공기를 충분히 흡입한다.

다섯 번째, 아랫배에 힘을 주고 배에서부터 우러나오는 소리로 연습한다.

① 각 단계의 음성 크기는 같게 하고, 한숨에 5단계까지 올렸다가 다시 5단계를 내려야 하므로 충분히 공기를 흡입해야하며, 각 단계의 간격과 음성 크기는 동일해야 한다.

② 1단계에서 3단계까지 음량과 음질의 길이는 동일하여야 한다.

③ 4단계에서 5단계는 합하여 올렸다가 내리는데 여기에서 소요되는 시간도 두 단계를 합하는 시간이어야 한다.

④ 힘 있고 또렷한 음성으로 연습해야하며 높은 단계로 올리거나 내릴 때 턱을 치켜들거나 반대로 내리는 등의 습관이 들어서는 안 된다.

⑤ 얼굴을 찌푸리거나 몸을 비트는 등의 태도변화가 있어서는 안 된다.

5단계	솔 아~~
4단계	파 아~~
3단계	미 아~~
2단계	레 아~~
1단계	도 아~~

발성연습 2

in-flight announcement

CHAPTER

03

좋은 발음

CHAPTER 03

좋은 발음

① 발음연습

　정확한 발음은 입을 어느 정도 정확하게 크게 벌릴 수 있느냐와 혀의 움직임의 상태로부터 결정될 수 있으며, 콧소리와 얼버무리는 발음은 더욱 정확한 발음의 전달을 방해한다. 게다가 대부분의 사람들은 어미에서 더 말끝을 흐리거나 작고 약하게 말하는 습성을 가지고 있기 때문에 정확한 발음을 구사하기 위해서는 꾸준한 발음 연습과 훈련이 필요하다고 할 수 있다.

　정확한 발음의 전달은 궁극적으로는 의사소통의 전달력을 높여 성공적인 커뮤니케이션을 이루기 위한 것이기 때문에 매우 중요하다고 할 수 있다.

　발음의 소리는 크게 자음과 모음으로 구분할 수 있으나, 음성학적으로는 모음과 자음 사이에 그리 큰 차이가 없고 경계선이 불명확하다. 이 경계영역에 있는 음을 반모음이라고 하며 대개는 자음에 속한다고 본다. 언어음을 발음할 때, 폐에서 나온 공기가 아무런 장애도 받지 않고 자유로이 통과하되 단지 혀나 입술의 움직임에 의해 여러 소리로 변화하는 소리를 모음이라고 하며, 조음기관을 통과할 때 완전 또는 불완전한 장애를 받는 소리를 자음이라고 한다.

CHAPTER 03

한국어의 경우 모음의 음가는 21개, 자음의 음가는 19개로 총 40개의 음가를 가지고 있다. 한국어의 발음을 모국어라 생각하여 쉽게 생각하는 경우가 있으나 잘못된 표현이나 발음의 경우가 많으며 의미전달의 확실성을 위하여 모음의 발음, 장·단음 처리, 받침의 발음법 등을 정확하게 구분하여 발음해야 한다.

영어의 경우 모음의 음가는 5개, 자음의 음가는 21개로 총 26개의 음가를 가지고 있다. 영어방송문의 경우 지나치게 혀를 굴리거나 빠른 속도로 읽는 것보다 또박또박 천천히 정확하게 발음하며 입모양을 크게 해주는 것이 외국인 승객들의 입장에서는 훨씬 더 좋은 발음이라고 할 수 있다.

1) 한국어 발음연습 1

발음을 분명하고 정확하게 잘하기 위해서는 혀와 입술 그리로 턱의 움직임이 부드러워야 한다. 다시 말해 입술, 치아, 잇몸, 혀, 입천장 등의 조음기관(調音器官) 또는 음성기관(音聲器官)이 발음을 하는데 중요한 역할을 하기 때문에 중요하다고 할 수 있다.

- 발음능력을 향상시키기 위해서는 평소 또박또박 말하는 습관을 키운다.
- 어려운 발음일수록 더 천천히 또박또박 읽는다.
- 말의 시작은 부드럽게 하고 끝은 분명하게 발음한다.
- 파열음(ㅋ, ㅌ, ㅍ)은 부드럽게 발음한다.
- 복모음(와, 외, 위)은 정확하게 또박또박 발음한다.
- 장·단음을 살리고 띄어 읽기를 제대로 한다.

다음의 문장들을 가능한 큰 소리로 문장을 연결하여 여러 번 되풀이하여 연습하도록 한다.

- 전라남도 도의회 의원, 추진위원회, 자료를, 수수료율
- 칠월 칠일은 평창 친구 친정 칠순 잔칫날
- 저기 저 뜀틀이 뛸 뜀틀인가 내가 안 뛸 뜀틀인가
- 간장 공장 공장장은 강 공장장이고, 된장 공장 공장장은 장 공장장이다.
- 저기 있는 말 말뚝이 말 맬 만한 말뚝이냐 말 못 맬 만한 말 말뚝이냐
- 한양 양장점 옆 한영 양장점, 한영 양장점 옆 한양 양장점
- 옆집 팥죽은 붉은 팥 팥죽이고, 뒷집 콩죽은 검은콩 콩죽이다.
- 중앙청 쇠철창살은 새 쇠철창살이냐, 헌 쇠철창살이냐
- 저기 있는 저 분은 박 법학박사이고, 여기 있는 이 분은 백 법학박사이다
- 서울 특별시 특허 허가국 특허 허가과 허가 과장 허 과장
- 신진 상송 가수의 신춘 상송 쇼
- 내가 그린 기린 그림은 긴 기린 그림이냐, 안 긴 기린 그림이냐
- 한국 관광공사 곽진광 관광 과장
- 청 단풍잎 홍 단풍잎 흑 단풍잎 백 단풍잎
- 공씨네 공장 지붕위의 콩깍지가 깐 콩깍지냐 안 깐 콩깍지냐
- 춘천 공작창 창장은 편 창장이고 평촌 공작창 창장은 황 창장입니다.
- 생각이란 생각하면 생각할수록 생각나는 것이 생각이므로 생각하지 않는 생각이 좋은 생각이라 생각한다.

2) 한국어 발음연습 2

아래의 표에 나열된 글자들은 가로, 세로 또는 사선의 방향 어느 쪽이든 다양하게 발음 연습을 할 수 있으며, 속도를 천천히〉빠르게〉천천히〉아주 빠르게의 순서로 연습을 한다면 효과적일 수 있다.

또한 스타카토로 큰소리를 내어 발음하고 거울로 직접 본인의 입모양을 확인하면서 또박또박 정확히 발음 연습하도록 한다.

아래의 단어들을 가능한 큰 소리로 또박또박 읽어가며 여러 번 되풀이하여 연습하도록 한다.

▶ 발음 연습하기

가	나	다	라	마	바	사	아	자	차	카	타	파	하
게	네	데	레	메	베	세	에	제	체	케	테	페	헤
기	니	디	리	미	비	시	이	지	치	키	티	피	히
고	노	도	로	모	보	소	오	조	초	코	토	포	호
구	누	두	루	무	부	수	우	주	추	쿠	투	푸	후
거	너	더	러	머	버	서	어	저	처	커	터	퍼	허
그	느	드	르	므	브	스	으	즈	츠	크	트	프	흐

가	갸	거	겨	고	교	구	규	그	기
나	냐	너	녀	노	뇨	누	뉴	느	니
다	댜	더	뎌	도	됴	두	듀	드	디
라	랴	러	려	로	료	루	류	르	리
마	먀	머	며	모	묘	무	뮤	므	미
바	뱌	버	벼	보	뵤	부	뷰	브	비
사	샤	서	셔	소	쇼	수	슈	스	시
아	야	어	여	오	요	우	유	으	이
자	쟈	저	져	조	죠	주	쥬	즈	지
차	챠	처	쳐	초	쵸	추	츄	츠	치
카	캬	커	켜	코	쿄	쿠	큐	크	키
타	탸	터	텨	토	툐	투	튜	트	티
파	퍄	퍼	펴	포	표	푸	퓨	프	피
하	햐	허	혀	호	효	후	휴	흐	히

3) 영어 발음연습

영어는 한국어를 발음할 때보다 입모양을 더 크게 벌려 하고, 각 단어에 Accent를 통해 정확하게 발음을 구사한다. 특히나 우리말에는 없어 한국인이 말하기 어려운 [l], [r], [p], [f], [b], [v] 등의 발음은 주의해서 연습하도록 한다.

발음 연습하기

- A big black bug bleeds blue blood.
- I bet Esther bet ten dollars on the Jet.
- The Fat cat sat on the mat.
- Big bird blows up in blue bloom brown color.
- The rain in Spain falls mainly on the plane.
- Silly Sally is shaking some sugar on her shiny shoes.
- The report is preceded by a brief outline.
- There's a special rate for round-trip ticket.

 한국어 방송의 방법

    기내방송을 하는 목적은 정확한 정보를 승객들에게 전달하기 위해서이다. 따라서 승객들이 방송의 내용을 쉽게 잘 이해할 수 있도록 하는 것이 좋은 방송이라고 할 수 있다.

    한국어 방송을 잘 하기 위해서는 지켜줘야만 하는 몇 가지 방법들이 있다. 첫 번째, 한국어를 말하는 경우 발음과 관련하여 정확한 발음을 하도록 한다. 두 번째, 억양과 악센트 세 번째, 띄어 읽기 네 번째, 크기 다섯 번째, 속도 등의 다섯 가지로 나눌 수 있다.

    방송을 잘 하기 위한 방법들을 진행하기 전에 반드시 '키톤찾기' 등의 현재 본인의 목소리 상태에 대하여 진단하고 구분하는 것이 중요하다.

나의 목소리 진단하기

1. 나의 목소리 키톤은?

2. 나의 목소리의 특징과 장점은?

3. 나의 목소리의 단점과 개선해야 할 점은?

1) 정확한 발음

기내에서 방송을 통하여 승객들에게 정확한 정보를 전달하기 위해서는 사투리가 아닌 정확한 표준어 발음을 구사하는 것이 중요하며, 평상시에도 입모양을 크게 하여 정확하게 발음연습 하도록 한다.

(1) 이중모음

이중모음은 두 모음이 결합되어 있는 것을 말하며 복모음(複母音) 또는 중모음(重母音)이라고도 한다. 단어를 의미를 정확히 전달하기 위해서 이중모음에 주의해서 읽어야 하며, 예를 들어 사투리의 경우 소리 값이 다르므로 의미가 달라질 수 있다. 이중모음은 "ㅑ, ㅕ, ㅛ, ㅠ, ㅒ, ㅖ, ㅘ, ㅙ, ㅝ, ㅞ"의 11개로 구성되어 있다.

발음의 예	
좌석 → 자석(×)	변화 → 변하(×)
과세 → 가세(×)	귀국 → 기국(×)
확인 → 학인(×)	세관 → 세간, 쇠간(×)
검역기관 → 검역기간(×)	예상 → 에상(×)
초과한 → 초가한(×)	예약 → 에약(×)
외화 → 애화(×)	죄송 → 재송(×)
보관 → 보간(×)	화장실 → 하장실(×)
제공되는 → 제공대는(×)	휴대전화 → 휴대저나(×)
기류변화 → 기루변하(×)	전원 → 전언(×)
최선 → 채선(×)	지정된 → 지정댄(×)

■ 이중모음 [의]의 발음

[의]발음은 기본음가로 발음이 되나 쓰이는 위치와 편의에 따라서 다른 소리 [이], [에]로 발음 된다.

- 본래의 기본음가 [의]로 발음되는 경우(단어의 맨 앞에 위치할 때)

    의사, 의자, 의무실, 의혹, 의리, 의심, 의젓한, 의논, 의문

- 첫음절이 아니고 변음되어 [이]로 발음되는 경우(단어의 중간이나 맨 끝에 위치할 때)

    협의 [혐이]   유의 [유이]
    문의사항 [문이사항]   문의 [문이]
    회의 [회이]   창의적인 [창이적인]
    편의점 [편이점]   수의사 [수이사]
    주의 [주이]   회의록 [회이록]

- 조사로 쓰이는 '의'가 [에]로 발음되는 경우(단어와 단어사이의 조사로 위치할 때)

    ○○○항공 ○○○편의 [에] 기장   오늘 영화의 [에] 제목은
    승무원의 [에] 안내   휴대전화의 [에]
    검역기관의 [에] 조치에   민주주의의 [에]
    인천공항의 [에]   한국으로의 [에] 반입
    선반 위의 [에]   비행기의 [에]
    승객여러분의 [에] 탑승

(2) 장 · 단음

우리말은 한자어에서 유래되었기 때문에 같은 단어지만 한자의 뜻에 따라 소리가 달라지는 경우가 있다. 장 · 단음을 바르게 알고 정확히 발음한다면 단어를 떠나 전체 문장을 자연스럽게 표현하며, 정확히 문장의 내용을 전달할 수 있다.

장음은 대부분 단어의 첫 음절에서만 긴 소리가 나며, 둘째 음절에서는 장음이

소멸되기 때문에, 장음일 경우에는 첫 음절을 조금 길게 발음하거나 강세를 두어 발음한다.

장음을 읽을 때는 너무 길게 읽어서 부자연스러움을 주기보다는 해당 단어를 또 박또박 명확하게 발음해준다.

장음 발음의 예	
이:용	감:사합니다
언:제든지	유:의해 주십시오
전:자제:품	자세한 사:항
품:질	예:정하고 있으며
계:속해서	좌:석 벨트를 매:주시고
면:세품	오:전, 오:후
말:씀	세:관 신고서
조:심	금:연 이오니
항:공법	최:선
사:용	전:원
보:관	여:실때는

(3) 경음화

기내방송을 할 때는 사투리뿐만 아니라 경음화 된 발음을 하지 않도록 주의해야 하며 표준어 발음을 구사해야 세련된 이미지의 방송을 할 수 있다.

경음화란 유성음 다음에 오는 무성음이 유성음으로 되지 않고 된소리로 나거나 아래의 내용처럼 앞소리의 영향을 받아 뒷소리인 평음이 경음으로 바뀌는 현상을 말한다.

ㄱ → ㄲ   ㄷ → ㄸ   ㅂ → ㅃ   ㅅ → ㅆ   ㅈ → ㅉ

경음화 잘못된 발음의 예	
자동적 ➡ 자동쩍(×)	면세품 ➡ 면쎄품(×)
간단한 ➡ 간딴한(×)	항공법 ➡ 항공뻡(×)
검역당국 ➡ 거멱땅국(×)	앞주머니 속에 ➡ 앞쭈머니 쏙에(×)
선반속에 ➡ 선반쏙에(×)	목적지 ➡ 목쩍지(×)
읽고 ➡ 일꼬(×)	협조 ➡ 협쪼(×)
객실장 ➡ 객실짱(×)	탑승 ➡ 탑씅(×)

(4) 연음

　앞 음절의 받침이 홑받침이나 쌍받침의 경우 모음으로 시작된 조사나 어미, 접미사와 결합되어 앞의 받침이 그 음가 그대로 뒤 음절의 첫소리로 발음되는 것을 연음이라고 한다.

　연음은 소리가 달라지는 것이 아니라 자연스럽게 발음하기 위하여 소리의 위치가 변경되는 것이라고 할 수 있다.

연음 발음의 예	
넣어 ➡ 너어	검역 ➡ 거멱
맛있는 ➡ 마싣는	착용해 주시고 ➡ 차굥해 주시고
좌석밑에 ➡ 좌석미테	필요하시면 ➡ 피료하시면
앉아 ➡ 안자	문의 ➡ 무니
읽고 ➡ 일꼬	열어 ➡ 여러
흡연 ➡ 흐변	잡아주시고 ➡ 자바주시고

(5) 구어체의 사용

　기내방송문은 정확한 정보전달을 위하여 대부분 정확하게 발음해야 한다는 생각으로 다소 딱딱해질 수 있다. 하지만, 딱딱하고 차가운 방송이 진행된다면 방송을 통한 좋지않은 이미지를 전달할 수 있다.

방송문은 구어체와 문어체의 적절한 조화로 실제로 기내방송을 할 경우에는 딱 딱한 구어체적인 표현보다는 구어적인 표현을 하는 것이 좀 더 매끄러울 수 있다.

문어적인 표현	구어적인 표현
김미수입니다.	김미숩니다.
순서대로 되어있습니다.	순서대로 돼있습니다.
오후 두시입니다.	오후 두십니다.
제공해 드리고 있사오니	제공해 드리고 있으니
곧 출발하겠사오니	곧 출발하겠으니
도착하였으며	도착했으며

★ -되어, -되었으며(-돼, -됐으며)
★ -하여, - 하였습니다.(-해, -했습니다.)

(6) 편명, 숫자읽기

- 편명을 읽을 때는 숫자를 하나하나씩 따로 끊어서 또박또박 읽는다.
- 숫자 0은 [영]으로 읽지 않고, [공]으로 읽는다.

    987편 [구팔칠편] ➡ [구백팔십칠](×)
    002편 [공공이편] ➡ [영영이편](×)
    603편 [육공삼편] ➡ [육백삼편](×)
    019편 [공일구편] ➡ [십구편](×)

★ 숫자 2, 4, 5는 ➡ 장음 / 1, 3, 6, 7, 8, 9, 10은 ➡ 단음

2) 억양, 악센트

말소리에 나타나는 높낮이를 억양이라고 한다. 또한 악센트는 자연스러운 억양 을 만드는데 도움을 주는 역할을 하는데, 예를 들어 장 · 단음의 처리와 가볍거나

CHAPTER 03

무겁게 느껴지는 단어의 음절 등을 들 수 있다.

　기내방송의 경우 방송내용을 효과적으로 전달하기 위하여 말하듯이 리듬을 타며 자연스러운 억양으로 방송을 하며, 중요하게 전달되어야 할 부분을 강조하기 위하여 강세를 두고나 조금 천천히 강하게 읽음으로써 강조를 한다.

　좀 더 구체적으로 억양과 악센트를 활용하는 방법을 알아보기로 하자.

① 한 문장의 끝부분 즉, 어미는 어떻게 소리내어 발음하느냐가 매우 중요한데, 우선 평서문일 경우 안정적인 느낌을 주기위하여 음을 음정의 '도' 정도의 음으로 소리 내어 발음하며, 의문문일 경우 실제로 물어보듯이 '~~까'를 '솔' 정도의 음으로 소리 내어 발음하는 것이 가장 자연스럽고 부드러워 보인다.

② 문어체적인 딱딱하거나 단조로운 억양으로 방송을 하게 되면 승객들이 다소 지루해 할 수 있고, 오버스러울 정도로 지나치게 과장된 억양을 사용하게 되면 부담스러운 방송으로 느낄 수 있기 때문에 적절한 조화가 필요하며, 말을 하듯이 차분하게 읽는 것이 중요하며, 내용 중 장 · 단음은 별도로 표시하여 의미의 변별력과 제대로 된 발음을 잘 할 수 있도록 한다.

③ 방송내용을 정확하게 파악하기 위하여 가급적이면 외워서 방송하는 것이 좋으며, 이는 자연스러운 방송을 위해 필요한 부분이다.

④ 기내방송에서 특별히 인명(기장, 승무원 등의 이름), 지명(출발·경유·도착지), 숫자(편명, 날짜와 시간)를 읽는 경우 내용의 확실한 전달을 위하여 각각의 부분에 강세를 두거나 천천히 읽도록 한다.

우리 비행기는 방콕까지가는 ○○○○○항공 123편이며,
비행시간은 5시간으로 예정하고 있습니다.

3) 띄어 읽기

　　문장을 읽을 때 띄어 읽는 위치에 따라 의미가 완전히 다르게 전달 될 수 있다. 특별히 기내방송은 적당히 띄어 읽음으로써 중요하거나 강조하고 싶은 내용을 명확하게 전달하며 안정된 느낌으로 방송 할 수 있다.

　　고객들에게 정확한 정보전달 등을 목표로 기내방송을 효과적으로 하기 위해서는 방송 전, 띄어 읽기를 표시하는 것이 좋다.

① 주어와 서술어 사이를 띄어 읽는다.

② 연(年), 월(月), 시(時), 분(分), 장소 뒤에서 띄어 읽는다.

방콕의 현지시간은 7월 19일 오전 11시 25분입니다.

③ 나열식 문장으로 쉼표(,)가 있는 경우와 문장부호가 있는 경우 너무 지루하지 않도록 리듬을 넣어 띄어 읽는다(/ > 1초 , // > 2초).

- 미국산 고기, / 과일, / 동식물은 / 특히, / 여행지나 기내에서 설사, / 구토, / 복통, / 발열 등의 증상을 겪으신 분은 /
- 지금부터 좌석벨트를 매주시고 / 좌석 등받이와 테이블은 제자리로 해주시기 바랍니다. //

④ 날짜와 시간을 읽을 때는 승객들에게 정확한 정보전달을 위하여 또박또박 띄어 읽도록 하며, 한 문장 안에서 지나치게 많이 끊어 읽을 경우 문장의 흐름이 깨질 수 있으므로 최대한 자연스럽게 띄어 읽기를 한다.

4) 크기(볼륨)와 속도

    기내방송은 정확한 정보의 전달을 목적으로 하기 때문에 아무리 유창하거나 명확한 발음구사도 소리가 너무 작아 알아들을 수 없거나 소리가 너무 커서 승객들에게 불편함을 제공한다면 좋은 올바른 방송이라고 할 수 없다.

    기내방송을 하는 경우 육성이 아닌 PA 즉, 항공기내 마이크를 사용하므로 소리가 너무 크거나 작게 들리지 않는지 등의 항공기종별로 마이크 상태를 미리 점검하여 승객들이 적당한 크기의 소리로 방송을 잘 들을 수 있도록 한다.

    일정하게 밝고 경쾌한 톤으로 방송의 크기와 속도를 유지하는 것이 매우 중요하다.

영어 방송의 방법

    영어방송은 영어를 모국어로 하는 외국인을 대상으로 그들에게 중요한 정보를 제공하는 것이므로 외국인들이 쉽게 이해할 수 있는 톤(tone)으로 방송해야하며, 영어방송의 경우 한국어방송의 경우보다 조금 더 높은 톤으로 하는 것이 적합하다.

    세련된 영어방송을 위해서 각 단어마다 정확한 발음을 구사하는 것이 중요하며 한국어를 발음할 때 보다 입모양을 더 크게 벌려 바르게 하도록 한다.

    문장에서 중요하거나 강조하고자 하는 단어 앞에서는 포즈(pause)를 주며 전체적으로 단어들을 자연스럽게 연결해서 발음하는 것이 중요하며, 단어의 끝에 있는 's', 'd', 't'발음은 너무 강하게 발음하지도 않지만 생략되어서도 안 된다. 그리고 약어, 인명, 지명을 발음 할 때는 마지막 글자를 강하게 발음한다.

1) 발음 - 자음

자음이란 폐에서부터 전달되는 공기가 구강 내에서 조음기관의 막힘이나 협착에 의하여 어떤 방해를 받으며 조음되는 말소리이며, 공기가 방해를 받을 때 어느지점에서 어떻게 방해를 받는가에 따라서 조음점과 조음방법이 달라진다. 또한, 자음은 성대의 진동 유무에 따라서 유성음과 무성음으로 분류된다.

(1) r 과 l

- 'r'의 발음은 입술에 힘을 주지 말고 자연스럽게 오므린 다음 혀끝을 들어 올려 혀가 입천장에 닿지 않도록 입천장의 뒤쪽으로 말듯이 발음한다.

> turbulence, refrain, upright, refer, entertainment, currency
> cooperation, remain, recheck, declare, return, right, air
> store, your, board, transfer, entire, morning, for

→ Are you ready?
Read the report for Saturday.

- 'l'의 발음은 'r'을 발음 할 때 보다 입을 작게 벌리고 'l'이 앞에 있을 경우 혀끝을 윗니쪽으로 당겨 윗잇몸(치경)에 닿게 하고(예 - light), 'l'이 뒤에 나오는 경우 혀끝이 윗니 뒤쪽 윗잇몸(치경)에 닿지 않은 상태로(예 - all) 발음한다.

> landing, ladies, liquid, located, airlines, flight, please, close
> collect, leave, limited, meal, fall, fill out, until, smile, careful
> gel, navigational, call

→ I was at the law library late.
I'd like some yellow apple, please

(2) p와 f

- 'p'소리는 성대는 진동하지 않는 무성음으로 우리말의 'ㅍ'를 세게 하는 발음으로 윗입술과 아랫입술을 붙여서 안쪽으로 약간 힘을 준 후 다시입술을 열면서 숨을 내보낸다.

> please, preperation, present, pocket, purchasing
> passenger, put, position, point, provide
> appreciated, cooperation, opening, permitted

- 'f'는 윗니로 아랫입술을 가볍게 물고 발음하는 것으로 숨을 불어내며 마찰을 일으키는 소리로 이것 또한 성대가 진동하지 않는 무성음이다.

> flight, fastened, safety, information, refer, offering, comfort, fever
> duty-free, after, turn off, inform, aircraft, refrain,

(3) b와 v

- 'b'소리는 'p'와 같은 위치와 방법으로 발음하지만 성대를 진동시키는 유성음이라는 점이 다르며, 'b'소리는 'p'소리만큼 파열하지는 않는다.

> seatbelt, cabin, bound, onboard, because, begin
> before, bottle, baggage, belonging, abroad

- 'v'소리는 아랫입술을 윗니에 대고 바람을 세게 내보내는 소리로 'b' 발음과는 큰 차이가 있다. 'b'는 호흡이 파열되는 것이며 양 입술을 통해서 소리가 만들어지는 반면에 'v' 발음은 호흡이 마찰되고 입술과 치아를 통해서 소리가 만들어 지는 것이다.

> arrival, devices, serve, leave, prevent, provide, have
> overhead bins, lavatories, available, video

(4) th 발음

'th'발음은 단어에 따라 무성음인 [θ]와 유성음인 [ð]의 두 가지 소리로 발음된다.

[θ]의 발음은 입을 작게 벌리고 혀끝을 양 치아 사이에 가볍게 대고 공기를 그 사이로 마찰 시키며 내는 소리이다. 혀의 위치는 윗니와 아랫니 사이에 혀끝이 밖으로 살짝 나오도록 놓고, 숨을 내보내며 [드~]하는 동시에 혀를 안쪽으로 넣는다.

[ð]의 발음은 양 치아 사이에 혀끝을 입술 밖으로 나오게 한 후, 윗니와 혀 사이로 호흡이 빠져나오는 순간 혀를 안쪽으로 넣으면서 성대에 진동을 주어 [드~]하며 떨리는 음으로 발음한다.

이때, 주의할 점은 [θ]와 [ð]를 [s], [z]처럼 발음해서는 안 된다. 예를 들면, Thank you를 [sank you]로 발음되지 않도록 유의해야한다.

[θ]	[ð]
thank you	this / that
trough	further
think	the
tooth	weather
third	with
bitrth	other

2) 연음

연음이란 단어들을 자연스럽게 서로 연결해서 발음하는 것으로 각각 단어의 음들은 음성 환경에 영향을 받아 자연스럽게 변동이 생길 수 있다.

① 단어가 자음으로 끝나는 말 뒤에 모음이 오는 경우 연결하여 발음한다(자음+모음).

take⌒off	seat belt⌒is
turn⌒off	provide⌒you
welcome⌒abroad	in front⌒of
switched⌒on	ladies⌒and gentlemen
ask⌒you	fill⌒out
contact⌒your	come on⌒in

② 혀의 위치가 같은 자음이 연속될 대 한쪽 자음이 탈락된다.
보통 자음이 겹치는 경우 앞쪽의 첫 자음보다 다음 단어의 시작 자음을 발음한다.

get together	at two
proceed to	next time
required to	last Tuesday
this sound	bus stop

3) 축약

한국어 방송에서와 마찬가지로 영어방송에서도 문어체적인 방송보다는 좀 더 자연스럽게 표현할 수 있는 구어체적인 방송이 좋다. 일반적으로 구어적인 표현은 축약한 발음을 통하여 나타낼 수 있다.

I am → I'm	who has → who's
there is → there's	we will → we'll
I would → i'd	we have → we've
We are now~ → We're now~	can not → can't

4) 악센트와 인토네이션

우리말에 비해 영어는 강하고 약하게 하거나 느리고 빠르게 발음하는 말이 있다. 문장에서 강하게 발음하는 소리는 악센트(accent)라고 하고, 강하게 발음하는 말의 단위는 인토네이션(intonation)이라고 한다.

문장에서 의미상 중요한 단어나 강조하고자 하는 단어는 힘을 주어 강하게 발음하고 다소 천천히 말하며, 강조하고자 하는 말 앞에서는 pause를 둔다. 또한 정중한 질문(예: Would you mind-, Would you like-, Do you mind-) 등은 말끝을 올리지 않는다.

영어에서 보통 강하게 발음하는 말과 그렇지 않은 말들이 있는데, 문장의 의미에 중요한 역할을 하는 말 명사, 동사, 형용사, 부사, 의문사 등은 강하게 발음하고, 반면 단어자체에 의미를 가지고 있지 않는 관사나 전치사 등은 약하게 발음한다.

④ 사례 연습

 뉴스원고

미국 <u>최대</u>의 전자상거래 업체 아마존이 / 종이책 <u>한 권</u> 값으로 전자책 <u>수십만</u>
　　[최:대]　　　　　　　　　　　　　[한:권]　　　　　[수:십만]

권을 <u>한</u> 달간 무제한 읽을 수 있는 서비스를 출시한다고 합니다. //
　　[한:달간]

아마존은 <u>현지</u>시간으로 지난 18일, / 월 9.99달러 <u>우리나라</u> 돈으로 1만 300원
　　　　[현:지]　　　　　　　　　　　　　[우:리나:라]

가량에 전자책 60만 권과 오디오북 2천 편을 무제한 읽고 들을 수 있는 / '킨들

언미리티드' 서비스를 <u>공개했습니다</u>. //
　　　　　　　　[공:개했:습니다]

이 서비스는 아마존의 <u>전자책</u> 기기인 킨들 뿐 아니라 / 킨들 애플리케이션이
　　　　　　　　　[전:자책]

깔리 애플, 안드로이드, 윈도 기기 <u>모두</u>에서 이용 <u>가능한</u> 것으로, / 우선적으로
　　　　　　　　　　　　　[모:두]　　　[가:능한]

<u>미국</u> 아마존에서만 <u>제공</u>하되 / 앞으로 다른 나라에서도 이용할 수 있을 것으로
[미:국]　　　　　　[제:공]

<u>예상</u>됩니다. //
[예:상]

미국의 전자책 사용 인구는 올해 7천900만 명으로 작년보다 9%가량 늘 것으로
[미:국] [전:자책]   [늘:]

예상되어 / 시장에서는 이러한 서비스가 독서량이 많은 소비자에게 인기가 있을
[예:상]   [많:은]

것이라며 / '출판시장을 뒤흔들 수도 있는 조치'라고 평가하고 있습니다. //
                                        [평:가]

〈 한글날 기념, 대학생과 함께 하는 "열린 음악회" 〉

오늘 / 10월 9일 한글날을 맞이해서 / 한글에 대한 애정이 남다른 / 전국의
　　　　　　　[한:글날]　[맞이해:서]　[한:글]　[대:한]

국문학과학생, 만여 명과 함께 하고 있습니다. //
　　　　　　　[만:여]

서울 청량리에 자리 잡은 이곳 세종대왕기념관은 / 1973년 개관했습니다. //
　　　　　　　　　　　　[세:종대:왕기념관]　　　　　　[개관했:습니다]

세종대왕의 업적을 기리는 국보급 자료들이 / 한글실과 과학실, 국악실 그리고
[세:종대:왕]　　　　　　　　　　　　　[한:글실]

세종대왕 일대기실 등에 전시돼 있습니다. //
[세:종대:왕]　　　　　[전:시돼:]

여러분, / 왠지 가을에는 / 음악이 더 잘 들리는 것 같지 않으세요? //
　　　　[왠:지]

여름에 듣는 음악과 가을에 듣는 음악은 / 분명 그 느낌이 다를 텐데요. //

깊어가는 가을 저녁, / 풀벌레 소리와 함께 듣는 KBS 교향악단과 합창단의

감미로운 선율은 / 우리의 마음을 더욱 포근하게 해줄 것 같습니다.
　　　　　　　　　　　　　　　　　　　　[해:줄것]

오늘밤은 강원도와 제주도에 소나기가 오겠고 / 주말인 내일은 맑다가 흐려
[제:주도]

지겠으며 / 강원도 영동과 경상북도에는 소나기가 오겠습니다. //
[경:상북도]

낮 최고 기온은 24도에서 28도로 / 오늘과 비슷하겠습니다. //
[최:고]   [2:4]   [2:8]

바다의 물결은 / 전 해상에서 조금 높게 일겠습니다. //
[물:껼]   [해:상]   [일:겠습니다]

일요일인 모레는 / 전국이 대체로 맑겠습니다. //
[모:레]   [대:체로]

중앙 기상대는 다음 주말쯤 전국적으로 비가 오면서 / 남부 지방부터
[찌방]

본격적인 장마가 시작 되겠다고 예보했습니다. //
[시:작]   [예:보했:습니다]

한 달가량 계속될 장마 기간에는 / 집중 호우도 있겠다고 예상했습니다.
[계:속]   [예:상했:습니다]

일기예보 2

호남지방과 제주도 기역에 호우주의보가 내려진 가운데 / 앞으로 최고
　　　　　　[제:주도]　　　　　　　　　　　　　　　　　　　　　　[최:고]

80밀리의 비가 더 내리겠습니다. //

기상청은 기압골의 영향으로 / 천둥번개를 동반한 장대비가 내리고 있는
　　　　　　　　　　[영:향]　　　　　　　　　　[동:반]

남해안과 제주도는 / 앞으로 30밀리에서 최고 80밀리 이상의 비가 내리겠고, /
　　　　　　　　　　　　　　　　　　　　[최:고]　　　　　[이:상]

남부지방에도 10밀리에서 40밀리의 비가 내리겠다고 예보했습니다. //
　　[찌방]　　　　　　　　　[4:0]　　　　　　　　　　　[예:보했:습니다]

강원도와 충청도에도 / 5내지 20밀리의 비가 온 뒤 오후 늦게 개겠고 / 서울과
　　　　　　　　　　　　[5:]　[2:0]　　　　　　　[뒤:][오:후]　　[개:겠고]

중부지방에도 오전에 개겠으며, / 낮 기온은 32도 가량 되겠습니다. //
　　　　　　[오:전] [개겠으며]　　　　　　　[32:]

교통 정보

57분 교통정보입니다.
[5:7] [교:통정:보]

수도권 국도에서는 45번국도 온양에서 평택 쪽으로 응봉 3거리에서 / 도로포장
[수도꿘]   [45:]

공사를 하고 있어서 정체되고 있고, / 경수산업도로 서울 쪽으로 안양육교부터
          [정:체]   [경:수]

시흥시계 쪽으로 밀리고 있구요. //
       [쪽:으로]

과천에서 남태령 쪽으로도 관문4거리에서 지체되고 있습니다. //
[과:천]   [지:체]

강변북로는 광장동 쪽으로 원효대교부터 동작대교 사이 / 그리고 잠실대교부터
[강:변]   [원:효대:교]   [잠:실]

올림픽대교 사이에서 정체되고 있고, / 난지도 쪽으로는 천호대교부터 잠실대교
                                    [천:호]

사이에서 정체되고 있습니다. //

삼성동 강남병원 뒤에서 올림픽대로 공항 쪽으로 진입이 통제되면서 / 삼성동
         [뒤:]   [통:제]

주변의 정체가 아주 심합니다. // 지금까지 교통정보였습니다. //
          [심:합니다]   [교:통정:보]

in-flight announcement

한국어 방송

CHAPTER 04

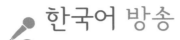

한국어 방송

① 국내선 방송

1-1 BAGGAGE SECURING

손님 여러분, 이 비행기는 _____까지 가는 ○○항공 _____ 편입니다. 탑승 편명을 확인해 주시기 바랍니다. 비행모드의 휴대전화를 포함한 모든 전자제품의 전원을 꺼주시고, 짐은 좌석 밑이나 선반 속에 넣어 주십시오. 술병 등 깨지기 쉬운 물건은 좌석 밑에 보관하시기 바랍니다. 감사합니다.

[미성년자 단체 손님 탑승 시]

또한 비상시 탈출구로 사용되는 비상구 사용은 반드시 승무원의 안내에 따라 주시고, 평상시 작동되는 일이 없도록 주의해 주시기 바랍니다.

1-1 BAGGAGE SECURING

☞ 천천히 또렷한 음성으로 방송

손님 여러분, 이 비행기는 ∨ _____까지 가는 ∨ ○○항:공 ∨ _____편입

니다. /

탑승 편명을 확인해: ∨ 주시기 바랍니다. /
[탑씅]

비행모드의 휴대전:화를 포함한 ∨ 모:든 전:자제:품의 전:원을 꺼주시고, 짐은

좌:석 밑이나 선반 속:에 넣어 주십시오. / 술병 등: 깨지기 쉬:운 물건은 ∨ 좌:석
　　　[믿치나]　　　[쏘:게]

밑에 보:관하시기 바랍니다. // 감:사합니다.

[미성년자 단체 손님 탑승 시]

또한 비:상시 ∨ 탈출구로 사용되는 비:상구 사용은 ∨ 반드시 승무원의
안:내에 따라 주시고, 평상시 작동되는 일이 없:도록 ∨ 주:의해: ∨ 주시기
바랍니다. //

- 목적지, 편명은 천천히 강조하여 읽는다.
- 비행기, 항공, 전화, 포함한 : 'ㅎ'발음 주의
- 확인, 전화, 전원, 좌석, 보관, 주의 : 이중모음 주의

2-1 WELCOME : GENERAL

손님 여러분, 안녕하십니까?/

※ 인사 문구 택일(PAGE   -   )

(오늘) ○○항공 _____ 편 탑승을 환영합니다. /

(또는, 이 비행기는 ○○ 항공 _____ 편입니다.)

[당사귀책 지연]

_____ 로 인해 출발이 지연돼 (대단히) 죄송합니다. 여러분의 양해를 부탁 드립니다.

[당사귀책 아닌 지연]

_____ 로 인해 출발이 지연됐습니다. 여러분의 양해를 부탁 드립니다.

[PAX Video 미 상영시]

지금부터 좌석벨트를 매주시고, 좌석 등받이와 테이블은 제자리로 해주시기 바랍니다.

화장실을 포함한 기내에서는 금연이며, 이착륙할 때는 비행모드의 휴대전화를 포함한 모든 전자제품의 전원을 꺼 주시기 바랍니다.

_____ 까지의 비행시간은 _____ 시간 _____ 분이 걸릴 것으로 예상하며, _____ 기장과 _____ 캐빈매니저를 비롯한 승무원들은 최선을 다해 편안하게 여러분을 모시겠습니다.

잠시 후 기내 안전에 대한 비디오를 상영하겠습니다.

※ 인사 문구 택일(PAGE   -   )

감사합니다.

2-1 WELCOME : GENERAL

☞ "솔"톤으로 밝고 환영하는 마음이 느껴지도록 방송
　비정상 상황으로 사과 방송 시 "미"톤으로 차분하게 방송
☞ 인사문구는 방송 상반부/하반부에 선택하여 1회 삽입

※ 인사 문구 택일(PAGE －)

손님 여러분, 안녕하십니까? /

(오늘) ○○ 항:공 ∨ ＿＿＿편 탑승을 환영합니다. /

(또는, 이 비행기는 ○○ 항:공 ∨ ＿＿＿편입니다.)
　　　　　　　　　　　　　　　[펴넘니다]

[당사귀책 지연]

　＿＿＿로 인해 ∨ 출발이 지연돼 (대단히) 죄송합니다. 여러분의 양해를 부탁드립니다.

[당사귀책 아닌 지연]

　＿＿＿로 인해 ∨ 출발이 지연됐습니다./ 여러분의 양해를 부탁 드립니다.

[PAX Video 미 상영시]

　지금부터 ∨ 좌:석벨트를 매: 주시고, 좌:석 등받이와 테이블은 ∨ 제자리로
　　　　　　　　　　　　　　　　　　[등바지]

　해: 주시기 바랍니다. /

　화장실을 포함한 기내에서는 ∨ 금:연이며, 이:착륙할 때는 ∨ 비행모드의
휴대전:화를 포함한 ∨ 모:든 전:자제:품의 전:원을 꺼 주시기 바랍니다.

‥‥까지의 비행시간은 ∨ ‥‥시간 ‥‥분이 걸릴 것으로 예:상하며,

‥‥기장과 ‥‥사무장를 비롯한 승무원들은 ∨ 최:선을 다해 편안하게 여러분을

[비로탄]

모:시겠습니다.//

잠시 후 기내 안전에 대한 비디오를 상영하겠습니다.

※ 인사 문구 택일(PAGE   -   )

감:사합니다.

- 목적지, 편명, 비행시간은 천천히 강조하여 읽는다.
- 안녕하십니까, 환영합니다, 항공, 비행기, 죄송합니다, 양해, 전화, 포함한, 상영하겠습니다.
  감사합니다 : 'ㅎ'발음 주의
- 환영, 죄송, 귀책, 좌석, 전화, 화장실, 전원, 최선 : 이중모음 주의

2-2 WELCOME : 상황별 인사문구

☞ 아래 인사 문구를 참조하여, 방송 담당이 응용하여 실시.

● General 문구 (택1)

- 행복한 여행의 시:작을 ∨ ○○항·공과 함께 해: 주셔서 감:사합니다.
- 여행의 설레임이 시:작되는 곳에 ∨ 저희 ○○ 항·공이 늘 함께 하겠습니다.
- _____ 까지 아름다움 비행에 ∨ 여러분과 동행하겠습니다.

● 시간대별 인사문구 (택1)

아침시간대	• (오늘) 상쾌한 하루의 시:작을 ∨ 아름다운 사:람들 ○○ 항·공과 함께 해: 주셔서 감:사합니다. • 늘 여러분과 함께하는 ∨ ○○ 항·공과 함께 ∨ 상쾌한 하루 보내시기 바랍니다.
점심시간대	• (오늘) 여유로운 오:후 시간, 아름다운 사:람들 ○○ 항·공과 함께 해:주셔서 감:사합니다.
저녁시간대	• (오늘) 행복한 하루 보내셨습니까. / 오늘도 여러분을 모:시게 되어 ∨ 기쁘게 생각합니다.
심야시간대	• (오늘) 하루를 마감하는 시간에 ∨ 여러분을 뵙게 되어 (대:단히) 반갑습니다.

●계절별 인사문구 (택1)

봄	• 싱그러운 5:월의 아침, 지금부터 ∨ ＿＿＿ 까지 상쾌한 비행을 시:작하겠습니다. • 봄햇살 싱그러운 계:절, 저희 승무원들은 ∨ 화사한 봄 향기를 담아 ∨ 손님 여러분을 늘 설레는 마음으로 모:시겠습니다.
여름	• 푸르른 녹음의 계:절, 저희 승무원들은 ∨ 나무그늘처럼 시원한 미소로 ∨ 늘 귀:하게 모:시겠습니다.
가을	• 세:상의 생명들이 결실을 맺는 ∨ 넉넉한 계:절을 맞이 하여,~
겨울	• 따뜻함이 그리워져오는 계:절, 저희 승무원들은 ∨ 사랑이 담긴 따뜻한 미소로 ∨ 늘 가족처럼 모:시겠습니다.

● 기타 문구 (택1)

신혼부부	• (오늘) 새롭게 출발하는 신혼 부부 여러분, 결혼을 진심으로 축하 드리며, 소:중한 시간을 아름다운 사:람들 ○○ 항:공과 함께 해:주셔서 감:사합니다.
단체여행	• 출발편: (오늘) 탑승하신 단체명/학교명 여러분, 소:중한 시간을 아름다운 사:람들 ○○ 항:공과 함께 해:주셔서 감:사합니다. • 도착편: 단체명/학교명 여러분을 뵙게 되어 반갑습니다. 보람된 시간을 보내셨는지요.
신규노선	• (오늘) 출발지–도착지 노:선을 첫 운항하는 항:공편에 함께 해:주셔서 감:사합니다.
신규취항	• (오늘) 출발지–도착지 노:선을 첫 운항하는 취항편에 함께 해:주셔서 감:사합니다.
신규 항공기	• (오늘) (＿＿월 ＿＿일에 새로 도입된) 총 ＿＿＿ 석의 (기종) 새 비행기로 모:시게 되었습니다.

● 특별한 날 인사문구 (택 1)

신정연휴	● 새해 복 많이 받으십시오./ 희망 가득하고 소원성취하는 한 해 보내시기를 기원합니다. ● 희망찬 새해에도 ∨ 늘 설레는 마음으로 여러분과 함께 하겠습니다.
설 연휴	● 새해 복 많이 받으십시오./ 민족 고유 명절인 오늘 (설 연휴 동안) ∨ 가족과 함께 즐거운 (정겨운) 시간 보내시기 바랍니다.
추석	● 풍요로운 민족 고유 명절 한가위 맞으시기 바랍니다. ● 보름달 만큼이나 마음 넉넉한 한가위에 ∨ 가족과 함께 아름다운 추억 많이 만드시기 바랍니다.
성탄절, 석가탄신일	● 따듯한 사랑을 나누는 성:탄절/석가탄신일 보내시기 바랍니다. ● 가족과 이웃에게 따뜻함을 전하는 ∨ 행복한 성:탄절 보내시기 바랍니다.
어버이 날, 스승의 날	● 부모님 / 스승의 은혜에 감:사하며, 사랑의 마음을 전하는 하루 보내시기 바랍니다.
어린이날	● 어린이 날을 맞아, 오늘 탑승하신 어린이 여러분이 ∨ 바르고 아름답게 자라나 ∨ 미래를 빛낼 주인공이 되기를 진심으로 바랍니다
삼일/광복/개천절/현충일	● 오늘 _____를 맞아 ∨ 다시 한번 의:미를 되새겨 보는 시간 보내시기 바랍니다.

3-1 SEATBELT SIGN OFF : GENERAL

손님 여러분,

좌석 벨트 착용표시등이 꺼졌습니다만, 기류 변화로 비행기가 갑자기 흔들릴 수 있으니, 앉아 계실 때는 항상 좌석 벨트를 매 주시고, 화장실을 포함한 기내에서는 금연해 주시기 바랍니다.

또한, 머리 위 선반을 여실 때는 물건이 떨어져 주위 손님이 다칠 위험이 있으니, 필요하신 경우에는 언제든지 승무원의 도움을 받으시기 바랍니다. 감사합니다.

3-1 SEATBELT SIGN OFF : GENERAL

☞ 중간톤으로 정중하게 천천히 방송

손님 여러분,

좌:석 벨트 착용표시등이 꺼졌습니다만, 기류 변:화로 ∨ 비행기가 갑자기 흔들

릴 수 있으니, 앉아 계실 때는 항상 좌:석 벨트를 매: 주시고, 화장실을 포함한 기내

에서는 ∨ 금:연해: 주시기 바랍니다./

또한, ∨ 머리 위 선반을 여:실 때는 ∨ 물건이 떨어져 주위 손님이 다칠 위험이

있으니, 필요하신 경우에는 언제든지 ∨ 승무원의 도움을 받으시기 바랍니다. //

감:사합니다.

• 비행기, 금연해, 위험, 필요하신, 감사합니다 : 'ㅎ'발음 주의
• 좌석, 변화, 화장실, 위험, 승무원 : 이중모음 주의

4-1 TURBULENCE

예상	• 비행기가 흔들릴 것으로 예상됩니다. 좌석 벨트를 매 주시기 바랍니다.
진행	• 비행기가 흔들리고 있습니다. 좌석 벨트를 매 주시기 바랍니다.
severe	• 비행기가 심하게(계속해서) 흔들리고 있습니다. 좌석 벨트를 매 주시기 바랍니다.
지속 진행	• 비행기가 약 ＿＿＿분간 계속 흔들릴 것으로 예상됩니다. 좌석 벨트를 매셨는지 다시 한번 확인해 주시기 바랍니다.

● 손님 여러분, 기류변화로

Stop service	• 안전을 위해 서비스를 잠시 중단하겠습니다. 기류가 안정되면 서비스를 계속하겠으니 여러분의 양해를 부탁드립니다.
Unable to service	• 비행기가 계속 흔들려 음료 서비스를 해 드리지 못해 죄송합니다. 손님 여러분의 양해에 감사드립니다.

CHAPTER 04

4-1 TURBULENCE

예상	• 비행기가 흔들릴 것으로 예상됩니다. 좌ː석 벨트를 매ː 주시기 바랍니다.
진행	• 비행기가 흔들리고 있습니다. 좌ː석 벨트를 매ː 주시기 바랍니다.
severe	• 비행기가 심하게(계속해서) 흔들리고 있습니다. 좌ː석 벨트를 매ː 주시기 바랍니다.
지속 진행	• 비행기가 약 _____ 분간 계ː속 흔들릴 것으로 예ː상됩니다. 좌ː석 벨트를 매ː셨는지 다시 한번 확인해 주시기 바랍니다.

● 손님 여러분, 기류변화로

Stop service	• 안전을 위해 서비스를 잠ː시 중단하겠습니다. 기류가 안정되면 서비스를 계ː속하겠으니 여러분의 양해를 부탁 드립니다.
Unable to service	• 비행기가 계ː속 흔들려 음료 서비스를 해 드리지 못해 죄ː송합니다. 손님 여러분의 양해에 감ː사 드립니다.

• 비행기, 심하게, 계속해서, 확인해, 위해, 중단하겠습니다, 양해, 죄송합니다. : 'ㅎ'발음 주의
• 좌석, 확인해 죄송합니다. : 이중모음 주의
• '기류'가 [기루]가 되지 않도록 주의

5-1 APPROACHING

손님 여러분, 잠시 후 _____ 공항에 도착하겠습니다. 좌석 벨트를 매 주시고 좌석 등받이와 테이블, 발받침은 제자리로 해 주시기 바랍니다. 또한, 창문 커튼은 열어 주시고, 꺼내 놓은 짐은 좌석 밑이나 선반 속에 넣어 주십시오. 착륙 준비를 위해 비행모드의 휴대전화를 포함한 모든 전자 제품의 전원은 꺼 주시고 비행기에서 내리신 후 켜 주시기 바랍니다.

서비스 중단	• 착륙 준비를 위해 (음료/식사서비스/면세품 판매)을(를) 중단하겠으니, 양해해주시기 바랍니다.
서비스 미제공	• 손님 여러분, 비행기가 계속 흔들려(음료/식사서비스)를 해 드리지 못해 죄송합니다. 손님 여러분의 양해에 감사드립니다.
군사 공항	• 참고로, _____ 공항은 군사 공항입니다. 지상에서의 사진 촬영이 금지돼 있으니 참고해 주시기 바랍니다.

감사합니다.

5-1 APPROACHING

☞ "미"톤으로 천천히 명료하게

손님 여러분, 잠:시 후 ⁕⁕⁕⁕⁕ 공항에 도:착하겠습니다./ 좌:석 벨트를 매: 주시고
[도차카겠습니다]

∨ 좌:석 등받이와 테이블, 발받침은 ∨ 제자리로 해: 주시기 바랍니다./ 또한, 창문
[등바지]　　　　　　[발바침]

커튼은 열어 주시고, 꺼내 놓은 짐은 ∨ 좌:석 밑이나 선반 속:에 넣어 주십시오./
[믿치나]　　　[쏘:게]

착륙 준비를 위해 ∨ 비행모드의 휴대전:화를 포함한 모:든 전:자 제:품의 전:원은
[창뉵]

꺼 주시고 ∨ 비행기에서 내리신 후: 켜 주시기 바랍니다./

서비스 중단	• 착륙 준비를 위해(음료/식사서비스/면:세품 판매)을(를) 중단하겠으니, 양해해주시기 바랍니다.
서비스 미제공	• 손님 여러분, 비행기가 계:속 흔들려(음료/식사서비스)를 해 드리지 못:해 죄:송합니다./ 손님 여러분의 양해에 감:사드립니다.
군사 공항	• 참고로, ＿＿＿ 공항은 군사 공항입니다./ 지상에서의 사진 촬영이 금:지돼: 있으니 ∨ 참고해: 주시기 바랍니다.

//감:사합니다.

- 공항의 공식 명칭을 정확히 강조하여 읽는다.
- 공항, 위해, 전화, 양해, 참고해 : 'ㅎ'발음 주의
- 좌석, 전화, 전원, 죄송, 금지돼 : 이중모음 주의

6-1 LANDING

손님 여러분,

이 비행기는 곧 착륙하겠습니다. 좌석 벨트를 매셨는지 다시 한 번 확인해 주시기 바랍니다.

감사합니다.

6-1 LANDING

손님 여러분,

이 비행기는 곧: 착륙하겠습니다./ 좌:석 벨트를 매:셨는지 ∨ 다시 한 번 확인해:
　　　　　　　　 [창뉵]

주시기 바랍니다.

　// 감:사합니다.

- 확인해, 감사합니다 : 'ㅎ'발음 주의
- 좌석, 확인 : 이중모음 주의
- 벨트를 [베트]로 발음하지 않도록 주의

7-1 FAREWELL : GENERAL

손님 여러분, (도시별 특성문구) _____ 공항에 도착했습니다.
이곳의 현재 시각은 ___월 ___일 ___요일 오전(오후) ___시 ___분입니다.

[당사 귀책 지연]
_____ 인해 도착이 지연돼 (대단히) 죄송합니다(다시 한번 손님 여러분의 양해를 부탁 드립니다.).

[당사 귀책 아닌 지연]
_____ 인해 도착이 지연됐습니다(다시 한번 손님 여러분의 양해를 부탁 드립니다.).

안전을 위해 좌석벨트를 계속 매고 계시고, 비행기가 완전히 멈춘 후, 선반을 여실 때는 안에 있는 물건이 떨어지지 않게 주의해 주시기 바랍니다.
(오늘) ○○항공을 이용해 주신 손님 여러분께 진심으로 감사드리며,

[택1]

- 앞으로도 설레는 마음과 밝은 미소로 모시겠습니다.
- 앞으로도 가족처럼 귀하게 모시겠습니다.
- 앞으로도 밝은 미소로 귀하게 모시겠습니다.
- 앞으로도 설레는 마음으로 귀하게 모시겠습니다.
- 여러분과의 새로운 만남을 또 다른 설레임으로 기다리겠습니다.

늘 여러분과 함께 하겠습니다. 안녕히 가십시오.

7-1 FAREWELL ： GENERAL

☞ "미~파"톤으로 아쉬움과 감사의 마음이 진심으로 느껴지도록 천천히

손님 여러분, (도시별 특성문구) _____ 공항에 도:착했습니다./
[도차켔습니다]

이곳의 현:재 시각은 ∨ ____ 월 ____ 일 ____ 요일 ∨ 오:전(오:후) ____ 시 ____ 분입

니다./

[당사 귀책 지연]

_____ 인해 도:착이 지연돼: ∨ (대:단히) 죄:송합니다(다시 한번 손님 여러분

의 양해를 부탁 드립니다.).

[당사 귀책 아닌 지연]

_____ 인해 도:착이 지연됐습니다(다시 한번 손님 여러분의 양해를 부탁 드립
[여러분에]

니다.).

안전을 위해 좌석벨트를 계속 매고 계시고, 비행기가 완전히 멈춘 후, ∨ 선반을

여:실 때는 ∨ 안에 있는 물건이 떨어지지 않게 주:의해: 주시기 바랍니다./

(오늘) ○○ 항:공을 이:용해: 주신 손님 여러분께 ∨ 진심으로 감:사드리며,

[택1]

- 앞으로도 ∨ 설레는 마음과 밝은 미소로 모:시겠습니다.
- 앞으로도 ∨ 가족처럼 귀:하게 모:시겠습니다.
- 앞으로도 ∨ 밝은 미소로 귀:하게 모:시겠습니다.
- 앞으로도 ∨ 설레는 마음으로 귀:하게 모:시겠습니다.
- 여러분과의 새로운 만남을 또 다른 설레임으로 기다리겠습니다.

늘 여러분과 함께 하겠습니다.// 안녕히 가십시오./

- 공항 명칭, 날짜, 시간은 정확히 강조하여 읽는다.
- 공항, 오후, ~인해, 죄송합니다. 양해, 위해, 비행기, 완전히, 주의해, 이용해, 귀하게 : 'ㅎ'발음 주의
- 죄송, 좌석, 주의해, 귀하게 : 이중모음 주의

국제선 방송

1-1 BAGGAGE SECURING

손님 여러분,

선택 1) _____까지 가는 저희 ○○항공 _____편을 이용해 주셔서 감사합
니다.

선택 2) _____까지 가는 저희 ○○항공 _____편에 탑승하신 것을 환영합
니다.

안전한 여행을 위해, 갖고 계신 짐은 앞좌석 아래나 선반 속에 보관해 주시기 바
랍니다.

감사합니다.

CHAPTER 04

1-1 BAGGAGE SECURING

☞ 천천히 또렷한 음성으로 방송

손님 여러분, ∨

선택 1) _____까지 가는 저희 ○○항ː공 ∨ _____편을 이ː용해 주셔서 ∨ 감ː

사합니다.

선택 2) _____까지 가는 저희 ○○항ː공 ∨ _____편에 탑승하신 것을 ∨
　　　　　　　　　　　　　　　　　　　　　　　[탑씅]

환영합니다.

안전한 여행을 위해, ∨ 갖고 계ː신 짐은 앞 좌ː석 아래나 선반 속ː에 보ː관해 주시
　　　　　　　　　　　　　　　　[압쫘ː석]　　　　　　[쏘ː게]

기 바랍니다.

//감ː사합니다.

• 목적지, 편명은 천천히 강조하여 읽는다.
• 저희, 항공, 안전한, 위해, 보관해 : 'ㅎ'발음 주의
• 저희, 환영, 좌석, 보관 : 이중모음 주의

2-1   PREPARATION FOR DEPARTURE

손님 여러분,

(＿＿＿를 거쳐)(도시명)까지 가는 ○○항공 ＿＿＿편, 잠시 후에 출발하겠습니다.

갖고 계신 짐은 앞 좌석 아래나 선반 속에 보관해 주시고, 지정된 자리에 앉아 좌석벨트르 매 주시기 바랍니다.

감사합니다.

2-1 PREPARATION FOR DEPARTURE

손님 여러분,

(˙˙˙를 거처)(도시명)까지 가는 ○○항:공 ∨ ˙˙˙ 편, ∨ 잠:시 후에 출발하겠습

니다.

갖고 계신 짐은 ∨ 앞 좌:석 아래나 선반 속:에 보:관해 주시고, / 지정된 자리에

              [압쫘:석]   [쏘:게]

앉아 ∨ 좌:석벨트를 매: 주시기 바랍니다.

//감:사합니다.

• 목적지, 편명은 천천히 강조하여 읽는다.

3-1 WELCOME : GENERAL (국제선)

선택 1) 소중한 여행을 저희 ○○ 항공과 함께 해 주신 손님 여러분, 안녕하십니까.
저희 ○○ 항공은 여러분의 탑승을 진심으로 환영합니다.

선택 2) 손님 여러분 안녕하십니까.
오늘도 변함없이 저희 ○○ 항공을 이용해 주신 여러분께 깊은 감사를 드립니다.

이 비행기는 _____ 까지 가는 ○○ 항공 _____ 편입니다.

[공동운항] (~이며)(항공사명)과 공동 운항하고 있습니다.

[지연시]

오늘 _____ (으)로 인해 출발이 예정보다 늦어졌습니다.
이 점 양해해 주시기 바랍니다.

목적지인 _____ 까지 예정된 비행시간은 이륙 후 _____ 시간 _____ 분입니다.
오늘 _____ 기장을 비롯한 저희 승무원들은 여러분을 정성껏 모시겠습니다.

[기내판매 전담승무원 탑승시]
이 구간은 비행시간이 짧은 관계로 면세품을 미리 주문 받고 있습니다. 이륙 후
승무원에게 말씀하시면 식사서비스가 끝난 후 전달해 드리겠습니다.

[승객군집방지안내 - 괌, 미주행 항공편]
(또한) 비행기 운항 중에는 보안 관계상 여러 승객들이 한곳에 모여 있지 않도
록 되어 있으니 협조해 주시기 바랍니다.

출발을 위해 좌석벨트를 매주시고 등받이와 테이블을 제자리로 해주십시오.

그리고 휴대전화 등 전자기기는 무선통신 기능이 꺼진 상태에서 사용하실 수 있으며, 노트북 등 큰 전자기기는 좌석 하단 또는 기내 선반에 보관해 주시기 바랍니다.

계속해서 여러분의 안전한 비행을 위해, 잠시 화면(/승무원)을 주목해 주시기 바랍니다.

3-1 WELCOME : GENERAL (국제선)

☞ "솔"톤으로 밝고 환영하는 마음이 느껴지도록 방송
   비정상 상황으로 사과 방송 시 "미"톤으로 차분하게 방송

선택 1) 소:중한 여행을 저희 ○○ 항:공과 함께 해 주신 손님 여러분, ∨ 안녕하
                [저히]

십니까.

○○ 항:공은 ∨ 여러분의 탑승을 ∨ 진심으로 환영합니다.

선택 2) 손님 여러분, 안녕하십니까.

오늘도 변:함없이 ∨ 저희 ○○ 항:공을 이용해 주신 여러분께 ∨ 깊은

감:사를 드립니다.

이 비행기는 ＿＿ 까지가는 ∨ ○○ 항:공 ＿＿ 편입니다.

[공동운항] (~이며)(항공사명)과 공동 운:항하고 있습니다.

[지연시]

오늘 ＿＿ (으)로 인해 ∨ 출발이 ～ 예:정보다 늦어졌습니다.

이 점 양해해 주시기 바랍니다.

목적지인 ＿＿ 까지 예:정된 비행시간은 ∨ 이륙 후: ＿＿ 시간 ＿＿ 분입니다.
[목쩍찌]

오늘 _____ 기장을 비롯한 저희 승무원들은 ∨ 여러분을 정성껏 모:시겠습니다.
[비로탄]

[기내판매 전담승무원 탑승시]
　이 구간은 ∨ 비행시간이 짧은 관계로 면:세품을 미리 주문 받고 있습니다./
이륙 후: 승무원에게 말씀하시면 식사 서비스가 끝난 후: 전달해 드리겠습니다.
[승객군집방지안내 - 괌, 미주행 항공편]
　(또한) 비행기 운항 중에는 보안 관계상 ∨ 여러 승객들이 한곳에 모여 있지
않도록 되어 있으니 ∨ 협조해 주시기 바랍니다.
[협쪼]

출발을 위해 ∨ 좌:석벨트를 매:주시고, ∨ 등받이와 테이블을 ∨ 제자리로 해:주
[등바지]

십시오.

　그리고 휴대전:화 등 전:자기기는 무선통신 기능이 꺼:진 상태에서 사용하실 수

있으며,/ 노트북 등 큰 전:자기기는 ∨ 좌:석 하단 또는 기내 선반에 보:관해 주시

기 바랍니다.

　계속해서 여러분의 안전한 비행을 위해, ∨ 잠시 화면(승무원)을 주:목해 주시기

바랍니다.

- 목적지, 편명, 비행시간은 천천히 강조하여 읽는다.
- 안녕하십니까?를 [안녀하십니까?]처럼 받침을 빼고 발음하지 않도록 주의

4-1 SEATBELTSIGN OFF: 좌석벨트 상시착용 안내

손님여러분,

방금 좌석벨트 표시등이 꺼졌습니다.

그러나 비행기가 갑자기 흔들리는 경우에 대비해 자리에서는 항상 좌석벨트를 매시기 바랍니다.

그리고 선반을 여실 때는 안에 있는 물건이 떨어지지 않도록 조심해 주십시오.

아울러, 여행하신 누적거리에 따라 다양한 혜택을 드리는 ○○ 항공의 스카이패스에 대한 정보는 기내지 모닝캄을 참고해 주시고, 회원 가입을 원하시는 분은 승무원에게 말씀해 주시기 바랍니다.

[A380 기종 운항 시]

아울러, 이 비행기의 1층 뒤쪽에 마련된 면세품 전시 공간에서는 다양한 상품들을 언제든지 직접 보고 안내 받으실 수 있습니다.

하늘 위에서 즐겁고 편리한 쇼핑하시기 바랍니다.

감사합니다.

CHAPTER 04

4-1 SEATBELTSIGN OFF: 좌석벨트 상시착용 안내

☞ 중간톤으로 정중하게 천천히 방송

손님여러분, ∨

방금 좌:석벨트 표시등이 꺼졌습니다.

그러나 비행기가 갑자기 흔들리는 경우에 대:비해 ∨ 자리에서는 항상 좌:석벨트를 매:시기 바랍니다.

그리고 선반을 여:실 때는 ∨ 안에 있는 물건이 떨어지지 않도록 ∨ 조:심해 주십시오.

아울러, 여행하신 누:적거:리에 따라 ∨ 다양한 혜택을 드리는 ○○ 항:공의 스카이패스에 대한 정보는 ∨ 기내지 모닝캄을 참고해 주시고,/ 회원 가입을 원:하시는 분은 ∨ 승무원에게 말:씀해 주시기 바랍니다.

> [A380 기종 운항 시]
> 아울러, 이 비행기의 1층 뒤:쪽에 마련된 면:세품 전시 공간에서는 ∨ 다양한
> [비행기에]
> 상품들을 언제든지 직접 보고 안:내 받으실 수 있습니다.
> 하늘 위에서 ∨ 즐겁고 편리한 쇼핑하시기 바랍니다.
> //감사합니다.

● '좌석벨트'가 [좌석베트], '여실 때'가 [여시 때는]가 되지 않도록 'ㄹ'받침에 주의

5-1 서비스 순서 안내

손님 여러분,

_____까지 가시는 동안 제공되는 서비스에 대해 안내해 드리겠습니다.

잠시 후 음료와 아침(점심/저녁/간단한) 식사를 드리겠습니다.

식사 후에는 면세품을 판매하겠습니다.

그리고, _____도착 _____시간 _____분 전에 음료와 아침(점심/저녁/간단한) 식사를 드리겠습니다.

즐겁고 편안한 여행이 되시기 바랍니다.

5-1 서비스 순서 안내

☞ 친절하고 믿음이 가도록 밝은 톤으로 천천히 방송

손님 여러분, ∨

_____ 까지 가시는 동안 제공되는 서비스에 대해 ∨ 안ː내해 드리겠습니다.

잠ː시 후ː 음ː료와 아침(점ː심/저녁/간단한) 식사를 드리겠습니다.
       [음ː뇨]

식사 후에는 ∨ 면ː세품을 판매하겠습니다.

그리고, _____도ː착 _____시간 _____ 분 전에 ∨ 음ː료와 아침(점ː심/저녁/간단
한) 식사를 드리겠습니다.

즐겁고 편안한 여행이 되시기 바랍니다.

● 안내해, 판매하겠습니다, 여행 : 'ㅎ'발음 주의

6-1 IN-FLIGHT SALES

손님 여러분

○○ 항공에서는 우수한 품질의 다양한 면세품들을 판매하고 있습니다.

구매를 원하시는 분은 판매카트가 지나갈 때에 말씀하시기 바랍니다.

기내 면세품 사전 주문서를 작성하시면 편리하게 면세품을 구매하실 수 있으며, 미화 200불 이상의 면세품을 사전 주문하시는 분께는 사은품 증정 행사를 실시하고 있음을 알려드립니다.

또한 환승 시 액체류 물품은 보안상의 이유로 기내반입에 제한을 받을 수 있으니 구매를 원하시는 분은 승무원의 안내를 받으시기 바랍니다.

[소형기종 운항 노선]

참고로 이 구간에서는 일부 상품만을 탑재해 판매하고 있습니다. 자세한 내용은 기내지 skyshop '소현기종 판매상품 안내'편을 참고하시기 바랍니다.

[면세허용량]

참고로 (국가명)에 입국하시는 손님의 면세허용량은 담배 ____ 갑, 주류 ____ 병

임을 알려 드립니다.

[다음 구간이 면세품 판매 불가 구간인 경우]

그리고 (도시명)/(도시명) 구간에서는, 면세품을 구매하실 수 없음을 알려드립니다.

6-1 IN-FLIGHT SALES

☞ 밝고 상냥한 "미"톤으로 방송

손님 여러분/

○○ 항:공에서는 ∨ 우수한 품:질의 다양한 면:세품들을 판매하고 있습니다.

구매를 원:하시는 분은 ∨ 판매카트가 지나갈 때에 말:씀하시기 바랍니다.

기내 면세품 사:전 주:문서를 작성하시면 ∨ 편리하게 면:세품을 구매하실 수 있
[작썽]   [펼리]

으며,/ 미화 200불 이상의 면:세품을 사:전 주:문하시는 분께는 ∨ 사:은품 증정 행

사를 실시하고 있음을 알려드립니다.

또한 환:승 시 ∨ 액체류 물품은 ∨ 보안상의 이유로 기내반입에 제한을 받을 수

있으니 ∨ 구매를 원하시는 분은 ∨ 승무원의 안:내를 받으시기 바랍니다.

[소형기종 운항 노선]
참고로, 이 구간에서는 ∨ 일부 상품만을 탑재해 판매하고 있습니다./
[탑째]

자세한 내용은 ∨ 기내지 skyshop '소현기종 판매상품 안:내편을 참고하시기

바랍니다.

[면세허용량]

참고로 (국가명)에 입국하시는 손님의 면:세허용량은 ∨ 담배 ⠠⠠⠠ 갑, 주류
[입꾹]

⠠⠠⠠ 병임을 알려 드립니다.

[다음 구간이 면세품 판매 불가 구간인 경우]

그리고 (도시명)/(도시명) 구간에서는, ∨ 면:세품을 구매하실 수 없음을 알려드립

니다.

- 미화: 이중모음 주의
- 항공, 다양한, 원하시는, 말씀하시기, 편리하게, 미화, 제한, 자세한 : 'ㅎ'발음 주의

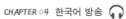

6-2 IN-FLIGHT SALES : 카트판매 종료 안내

안내 말씀 드리겠습니다.

판매카트를 이용한 기내판매를 마치겠습니다.

추가 구매를 원하시면 비행 중 언제든지 승무원에게 말씀하시기 바랍니다.

6-2 IN-FLIGHT SALES : 카트판매 종료 안내

안:내 말:씀 드리겠습니다.

판매카트를 이:용한 기내판매를 마치겠습니다.

추가 구매를 원하시면 ∨ 비행 중 언:제든지 승무원에게 말:씀하시기 바랍니다.

6-3 IN-FLIGHT SALES : 종료 안내

안내 말씀 드리겠습니다.

착륙 준비를 위해 기내 판매를 마치겠습니다.

구매하지 못한 분께서는 양해해 주시가 바랍니다.

감사합니다.

6-3 IN-FLIGHT SALES : 종료 안내

안:내 말·씀 드리겠습니다.

착륙 준비를 위해 기내 판매를 마치겠습니다.
[창뉵]

구매하지 못한 분께서는 ∨ 양:해해 주시가 바랍니다.

// 감사합니다.

7-1 TURBULENCE

[Turbulence 1차]

손님 여러분,
Ⓐ : 비행기가 흔들리고 있습니다.
Ⓑ : 기류가 불안정합니다.
좌석벨트를 매주시기 바랍니다.

[Turbulence 2차]

[좌석벨트 표시등이 켜진 채, 장시간 흔들릴 경우]
  손님 여러분, 비행기가 계속해서 흔들리고 있습니다.
  좌석벨트를 매셨는지 다시 한번 확인해 주시기 바랍니다.

[좌석벨트 표시등이 켜져 있으나 흔들리지 않는 경우]
  안내 말씀 드리겠습니다.
  우리 비행기는 기류가 불안정한 지역을 지나고 있습니다. 좌석벨트 표시등
이 꺼질 때까지 자리에서 잠시만 기다려 주시기 바랍니다.

[난기류 재진입 예상 시]
  안내 말씀 드리겠습니다.
  우리 비행기는 잠시 후에 다시 기류 변화가 심한 지역을 지나갈 예정입니다.
  좌석벨트를 계속 매 주시기 바랍니다.

7-1 TURBULENCE

☞ 내용이 잘 전달 되도록 천천히 방송

[Turbulence 1차]

손님 여러분,
Ⓐ : 비행기가 흔들리고 있습니다.
Ⓑ : 기류가 불안정합니다.
좌:석벨트를 매:주시기 바랍니다.

[Turbulence 2차]

[좌석벨트 표시등이 켜진 채, 장시간 흔들릴 경우]
손님 여러분, 비행기가 계:속해서 흔들리고 있습니다.
좌:석벨트를 매:셨는지 다시 한번 확인해 주시기 바랍니다.

[좌석벨트 표시등이 켜져 있으나 흔들리지 않는 경우]
안내 말씀 드리겠습니다.
우리 비행기는 기류가 불안정한 지역을 지나고 있습니다./ 좌:석벨트 표시
등이 꺼질 때까지 ∨ 자리에서 잠:시만 기다려 주시기 바랍니다.

[난기류 재진입 예상 시]
안:내 말씀 드리겠습니다.
우리 비행기는 잠:시 후에 ∨ 다시 기류 변화가 심:한 지역을 지나갈 예:정입
니다.
좌:석벨트를 계속 매: 주시기 바랍니다.

- '기류'[기루]로 읽지 않도록 모음 주의
- '흔들리고 있습니다'[흔드리고 있습니다]으로 발음하지 않도록 'ㄹ'받침 주의
- 확인, 변화: 'ㅎ'발음 주의

8-1 MOVIE

손님 여러분,
잠시 후 영화를 상영하겠습니다.

선택 1) 보실 영화의 제목은 _____입니다.

선택 2) 첫 번째 영화의 제목은 _____이며,

두 번재 영화는 _____입니다.

[주간 비행]

창문 덮개를 내리면 화면을 더욱 선명하게 보실 수 있습니다.
그리고 비행 중에는 예상치 못한 갑작스러운 기류 변화로 비행기가 흔들릴 수 있습니다.
손님 여러분의 안전을 위해, 자리에서는 항상 좌석 벨트를 매고 계시기 바랍니다.

8-1 MOVIE

손님 여러분,

잠:시 후: 영화를 상:영하겠습니다.

선택 1) 보실 영화의 제목은 ∨ ˙˙˙˙˙˙˙˙˙˙ _____ 입니다.

선택 2) 첫 번째 영화의 제목은 ∨ ˙˙˙˙˙˙˙˙˙ _____ 이며, ∨

　　　두: 번재 영화는 ˙˙˙˙˙˙˙˙ _____ 입니다.

[주간 비행]

창문 덮개를 내리면 ∨ 화:면을 더욱 선명하게 보실 수 있습니다.
　　　[덥깨]

그리고 비행 중에는 ∨ 예:상치 못한 <u>갑작스러운</u> 기류 변:화로 비행기가 흔들릴
　　　　　　　　　　　　　[갑짝쓰러운]

수 있습니다.

손님 여러분의 안전을 위해, ∨ 자리에서는 항상 좌:석 벨트를 매:고 계:시기 바

랍니다.

.

- '영화' [영와], [영하]로 발음하지 않도록 주의

9-1 BEGINNING OF 2ND MEAL SVC

손님 여러분, 편히 쉬셨습니까? 잠시 후 음료와 식사를 준비해: 드리겠습니다.

식사 중에는 등받이를 앞으로 세워 주시기 바랍니다.

앞으로 약 _____ 시간 _____ 분 후 _____ 공항에 도:착 하겠으며,

목적지 현재 시각은 오전/(오후) _____ 시 _____ 분입니다.

9-1 BEGINNING OF 2ND MEAL SVC

손님 여러분, 편히 쉬셨습니까?/

잠:시 후: 음료와 식사를 준비해: 드리겠습니다./
　　　　[음뇨]

식사 중에는 등받이를 앞으로 세워 주시기 바랍니다.
　　　　[등바지]　[아프로]

앞으로 약 ___ 시간 ___ 분 후: _____ 공항에 도:착 하겠으며, ∨

목적지 현:재 시각은 ∨ 오:전/(오:후) ___ 시 ___ 분입니다.
[목쩍찌]

• 시간, 공항명은 천천히 강조하여 읽는다.

10-1 HEADPHONE COLLECTION

안내 말씀 드리겠습니다.
지금부터 헤드폰과 잡지를 회수하겠습니다.

[일반] 그리고 사용하신 담요는 기내 비:치품이니, 승무원이 정리할 수 있도록
　　　　좌석 앞주머니 속에 넣어 주시기 바랍니다.

[T/S구간] 계속해서 _____ 까지 가시는 손님께서는 헤드폰과 사용하신 담요
　　　　를 좌석 앞주머니 속에 보관하시기 바랍니다.

손님 여러분의 협조를 부탁드립니다.

10-1 HEADPHONE COLLECTION

안:내 말:씀 드리겠습니다.

지금부터 헤드폰과 잡지를 회수하겠습니다.

　　　　[잡찌]

[일반] 그리고 사:용하신 담:요는 기내 비:치품이니, ∨ 승무원이 정:리할 수 있

　　　　[담:뇨]

도록 ∨ 좌:석 앞주머니 속:에 넣어 주시기 바랍니다.

　　　[압쭈머니] [쏘:게]

[T/S구간] 계:속해서 ＿＿＿＿＿ 까지 가시는 손님께서는 ∨ 헤드폰과 샤:용하신

담:요를 좌:석 앞주머니 속:에 보:관하시기 바랍니다.

손님 여러분의 협조를 부탁드립니다.

　　　　[협쪼]

11-1 ENTRY DOCUMENTS : GENERAL

손님 여러분, 입국서류를 안내해: 드리겠습니다.
입국 신고서는 대한민국 여권이 있거나 거주하시는 경우 쓰지 않으셔도 됩니다.

> [검역질문서 필요 시]
> 또한 콜레라를 포함한 전염병의 예:방을 위해, 모든 분께서는 검:역 질문서
> 를 써 주십시오. 특히 여행지나 기내에서 설사, 구토, 복통, 발열 등의 증상을
> 겪으신 분은 해당 내:용을 표기하시고, 승무원에게도 말씀해 주시기 바랍니다.

세관신고서는 모든 분이 쓰시고 가족인 경우 한 장을, 짐을 다른 비행기나 배로 부친 경우 두 장을 써 주시기 바랍니다. 구제역 등 동식물 해외 전염병의 국내 유입 방지를 위해, 모든 동식물, 과일, 채소류, 육류 및 가공품과 살아있는 수산동물은 한국으로 가지고 오실 수 없으니 유의하시기 바랍니다.

아울러, 가축 농장을 방문 하신 분과 축산인은 세관신고서를 입국 심사대에 제출하고 소독 조치를 받으시기 바랍니다.

[필요 시 : 참고로, 목적지 도착 예정 일자는 _____ 월 _____ 일이며, 이 비행기는 KE _____ 편입니다. 서류 작성 방법은 안:내 책자 _____ 페이지를 참고하시기 바랍니다.]
감:사합니다.

11-1 ENTRY DOCUMENTS : GENERAL

손님 여러분, 입국서류를 안:내해: 드리겠습니다./
  [입꾹]

입국 신고서는 ∨ 대:한민국 여권이 있거나 거주하시는 경우 ∨ 쓰지 않으셔도
  [여:꿘]

됩니다./

세:관신고서는 모:든 분이 쓰시고 ∨ 가족인 경우 한 장을, 짐을 다른 비행기나

배로 부친 경우 두: 장을 써 주시기 바랍니다./ 구제역 등 동:식물 해외 전염병의
  [전염병에]

국내 유입 방지를 위해, 모:든 동:식물, 과:일, 채:소류, 육류 및 가공품과 살아있는
  [융뉴]

수산 동물은 ∨ 한:국으로 가지고 오실 수 없:으니 유의하시기 바랍니다.

[검역질문서 필요 시]

또한 ∨ 콜레라를 포함한 전염병의 예:방을 위해, 모든 분께서는 검:역 질문
  [거:멱]

서를 써 주십시오./

특히 여행지나 기내에서 ∨ 설사, 구토, 복통, 발열 등의 증상을 겪으신 분은
∨ 해당 내:용을 표기하시고, 승무원에게도 말:씀해: 주시기 바랍니다.

아울러, 가축 농장을 방문 하신 분과 축산인은 ∨ 세:관신고서를 입국 심사대에 제출하고 ∨ 소독 조치를 받으시기 바랍니다.

[필요 시 : 참고로, 목적지 도착 예정 일자는 ____월 ____일이며, 이 비행기는 OZ ____편입니다. 서류 작성 방법은 안:내 책자 ____페이지를 참고하시기 바랍니다.]

// 감:사합니다.

• 세관, 예방: 이중모음 주의

12-1 TRANSIT PROCEDURE

　계속해서 이 비행기로 _____까지 가시는 손님 여러분께 안내 말씀 드리겠습니다.

　_____공항에 도착하면 모든 짐을 갖고 내리시고 탑승권도 잊지 마시기 바랍니다.

　내리신 후에는 저희 지상 직원의 안내에 따라 통과 카드를 받으신 다음,

　공항 라운지에 잠시 기다려 주십시오. 이 비행기의 다음 출발 시각은 오후 ＿＿시 ＿＿분이며, 탑승 시각은 공항에서 알려드리겠습니다.

　감사합니다.

12-1 TRANSIT PROCEDURE

☞ 환승절차가 생소한 승객들에게 천천히 정확하게 방송

계:속해서 이 비행기로 _____ 까지 가시는 손님 여러분께 ∨ 안:내 말:씀 드리

겠습니다.

_____ 공항에 도:착하면 ∨ 모:든 짐을 갖고 내리시고/ 탑승권도 잊지 마:시기
　　　　　　　　　　　　　　　　 [갇꼬]　　　　　　 [탑씅꿘]

바랍니다.

내리신 후에는 ∨ 저희 지상 직원의 안:내에 따라 통과 카드를 받으신 다음,/

공항 라운지에 잠:시 기다려 주십시오.

이 비행기의 다음 출발 시각은 ∨ 오후 ___시 ___분이며,/ 탑승 시각은 공항에

서 알려드리겠습니다.

//감:사합니다.

13-1 APPROACHING

손님 여러분,

우리 비행기는 약 20분 후, _____ 국제공항에 도:착하겠습니다.

꺼내 놓은 짐들은 앞 좌석 아래나 선반 속에 다시 보관해 주십시오.

서비스 중단	• 착륙 준비를 위해(음료/식사서비스/면:세품 판매)을(를) 중단하겠으니, 양해해주시기 바랍니다.
서비스 미제공	• 손님 여러분, 비행기가 계:속 흔들려(음료/식사서비스)를 해 드리지 못: 해 죄:송합니다./ 손님 여러분의 양해에 감:사드립니다.
군사 공항	• 참고로, _____ 공항은 군사 공항입니다./ 지상에서의 사진 촬영이 금: 지돼: 있으니 ∨ 참고해: 주시기 바랍니다.

감사합니다.

13-1 **APPROACHING**

손님 여러분, ∨

우리 비행기는 약 20분 후, ∨ ＿＿＿＿＿ 국제공항에 도:착하겠습니다.

[도차카겠습니다]

꺼:내 놓은 짐들은 ∨ 앞 좌:석 아래나 선반 속:에 다시 보:관해 주십시오.

[쏘:게]

서비스 중단	• 착륙 준비를 위해(음료/식사서비스/면:세품 판매)을(를) 중단하겠으니, [창뉵]　　　　[음뇨] 양해해주시기 바랍니다.
서비스 미제공	• 손님 여러분, 비행기가 계:속 흔들려(음료/식사서비스)를 해 드리지 못:해 죄:송합니다./ 손님 여러분의 양해에 감:사드립니다.
군사 공항	• 참고로, ＿＿＿ 공항은 군사 공항입니다./ 지상에서의 사진 촬영이 금:지돼: 있으니 ∨ 참고해: 주시기 바랍니다.

//감:사합니다.

14-1 TRANSIT GATE INFORMATION

안:내 말:씀 드리겠습니다. 인천 공항 도:착 후, 여러분께서 내리실 GATE는
_____번입니다.

계:속해서 연결 편으로 여행하시는 손님 여러분께 출발 탑승구를 안:내해 드리
겠습니다.

_____행 ○○ 항:공 _____편은 _____번 탑승구,

_____행 ○○ 항공 _____편은 _____번 탑승구에서 출발 예:정입니다.

문:의 사:항이 있는 분께서는 저희 승무원에게 말:씀해 주십시오.

ex 뉴욕행 ○○항공 081편은 17번 탑승구

방콕행 ○○항공 651편은 16번 탑승구

에서 출발 예:정입니다.

14-1 TRANSIT GATE INFORMATION

안:내 말:씀 드리겠습니다. 인천 공항 도:착 후:, 여러분께서 내리실 GATE는 ∨

＿＿번입니다.

계:속해서 연결 편으로 여행하시는 손님 여러분께 ∨ 출발 탑승구를 안:내해
[탑승구]

드리겠습니다.

＿＿＿＿행 ∨ ○○ 항:공 ＿＿＿편은 ∨ ＿＿번 탑승구,/

＿＿＿＿행 ∨ ○○ 항공 ＿＿＿편은 ∨ ＿＿번 탑승구에서 출발 예:정입니다.

문:의 사:항이 있는 분께서는 ∨ 저희 승무원에게 말:씀해 주십시오.
[무:니]

● 공항, 안내해, ~행, 문의사항: 'ㅎ'발음 주의

15-1 LANDING

손님 여러분, 이 비행기는 곧 착륙하겠습니다.

좌석 등받이와 발 받침대, 테이블을 제자리로 해주시고, 좌석 벨트를 매:주십시오.

창문 덮개는 열어 두시기 바라며, 노트북 등 큰 전자기기는 좌석 하단 또는 기내 선반에 보관해 주시기 바랍니다.

감사합니다.

15-1 LANDING

손님 여러분, ∨ 이 비행기는 곧: 착륙하겠습니다.

[창뉵]

좌:석 등받이와 발 받침대, ∨ 테이블을 제자리로 해주시고, ∨ 좌:석 벨트를 매:

[등바지]   [받침때]

주십시오./

창문 덮개는 열어 두시기 바라며, ∨ 노트북 등. 큰 전:자기기는 좌:석 하단 또는

[덥깨]

기내 선반에 ∨ 보:관해 주시기 바랍니다.

//감:사합니다.

16-1 FAREWELL

[30분 이상 지연/기상, 천재지변 등 당사 귀책사유가 아닌 경우]

_____ 관계로 도착이 예정보다 늦어졌습니다.

[30분 이상 지연/항공기 정비 등 당사 귀책 사유인 경우]

_____ 관계로 도착이 예정보다 늦어진 점 양해해 주시기 바랍니다.

손님 여러분, 우리 비행기는 _____ 에 도착했습니다.

지금 이 곳은 _____ 월 _____ 일 오전(오후) _____ 시 _____ 분이며, 기온은 섭씨 _____ 도입니다.

여러분의 안전을 위해, 비행기가 완전히 멈춘 후 좌석벨트 표시등이 꺼질 때까지 자리에서 기다려 주십시오.

[선택1]

오늘도 여러분의 소중한 여행을 ○○ 항공과 함께 해주셔서 대단히 감사합니다. 저희 승무원들은 앞으로도 한분 한분 특별히 모시는 마음으로 고객 여러분과 늘 함께 할 것을 약속드립니다.

[선택2]

저희 대한 항공은 고객 여러분의 사랑에 감사드리며, 앞으로도 계속 노력하는 모습으로 늘 여러분과 함께 하겠습니다.

[선택3]

오늘도 저희 ○○ 항공을 이용해 주셔서 대단히 감사합니다. 저희 승무원을 비롯한 모든 직원들은 앞으로도 손님 여러분의 여행이 항상 안전하고 편안할 수 있도록 최선을 다 하겠습니다.

[선택4]

　○○ 항공과 늘 함께 해주시는 손님 여러분께 깊은 감사를 드립니다. 저희 승무원들은 여러분의 변함 없는 사랑에 보답하는 마음으로 한결같이 정성을 다하겠습니다.

선반을 여실 때는 안에 있는 물건이 떨어질 수 있으니 조심해 주시고,
내리실 때는 잊으신 물건이 없는지 다시 한 번 확인해 주시기 바랍니다.

감사합니다. 안녕히 가십시오.

16-1 FAREWELL

☞ "미~파"톤으로 아쉬움과 감사의 마음이 진심으로 느껴지도록 천천히

손님 여러분, 우리 비행기는 (도시별 특성문구) ＿＿＿＿＿ 에 도:착했습니다.

[도차켔습니다]

[30분 이상 지연 / 기상, 천재지변 등 당사 귀책사유가 아닌 경우]

＿＿＿ 관계로 ∨ 도:착이 예:정보다 늦어졌습니다.

[30분 이상 지연 / 항공기 정비 등 당사 귀책 사유인 경우]

＿＿＿ 관계로 ∨ 도:착이 예:정보다 늦어진 점 양해해 주시기 바랍니다.

지금 이 곳은 ∨ ＿＿ 월 ＿＿ 일 오:전(오:후) ＿＿ 시 ＿＿ 분이며,/ 기온은 섭씨 ＿＿ 도:

입니다.

여러분의 안전을 위해, ∨ 비행기가 완전히 멈춘 후: 좌:석벨트 표시등이 꺼질

[여러분에]

때까지 ∨ 자리에서 기다려 주십시오./

선반을 여실 때는 ∨ 안에 있는 물건이 떨어질 수 있으니 ∨ 조심해 주시고, ∨

내리실 때는 ∨ 잊으신 물건이 없는지 ∨ 다시 한 번 확인해 주시기 바랍니다./

[선택1]

오늘도 여러분의 소:중한 여행을 ∨ ○○ 항:공과 함께 해주셔서 ∨ 대단히 감:사합니다./ 저희 승무원들은 앞으로도 한분 한분 특별히 모시는 마음으로 ∨ 고객 여러분과 늘 함께 할 것을 약속드립니다.

[선택2]

저희 ○○ 항:공은 ∨ 고객 여러분의 사랑에 감:사드리며,/ 앞으로도 계:속

노력하는 모습으로 ∨ 늘 여러분과 함께 하겠습니다.

[선택3]

오늘도 저희 ○○ 항:공을 이:용해 주셔서 ∨ 대단히 감사합니다./ 저희 승무원을 비롯한 모:든 직원들은 ∨ 앞으로도 손님 여러분의 여행이 항상
　　　　　　[비로탄]
안전하고 편안할 수 있도록 ∨ 최:선을 다: 하겠습니다.

[선택4]

○○ 항:공과 늘 함께 해주시는 손님 여러분께 ∨ 깊은 감:사를 드립니다./ 저희 승무원들은 여러분의 변:함 없는 사랑에 보:답하는 마음으로 ∨
　　　　　　　　　　　　　　　　　　　　　　　　　[보:다파는]

한결같이 정성을 다:하겠습니다.
[한결가치]

감:사합니다.// 안녕히 가십시오./

● 공항 명칭, 날짜, 시간은 정확히 강조하여 읽는다.

17-1 DEPLANE

손님 여러분, 기내에 두고 내리시는 물건이 없는지 다시 한 번 확인해 주시고, 잠시 후 앞문으로 내려주시기 바랍니다.

Step Car 택 1	• 공항 사정으로 여러분을 터미널까지 버스로 모시겠습니다. 계단을 내려 가실 때 주: = 의하시고 • 공항 사정으로 터미널까지 걸어서 이동해 주시기 바랍니다. 계단을 내려 가실 때 주의하시고

내리신 후 짐을 찾으실 때는 다른 짐과 바뀌지 않게 수화물표를 확인해 주십시오.

필요시	• 아울러 공항 요청에 따라 여권(과 입국 서류)을 손에 들고 내려주시기 바랍니다. • 아울러, 공항 요청에 따라 여권 커버를 벗기고 입국 심사를 받으시기 바랍니다.

안녕히 가십시오.

17-1 DEPLANE

손님 여러분, 기내에 두고 내리시는 물건이 없ː는지 ∨ 다시 한 번 확인해ː 주시고, 잠시 후 앞문으로 내려주시기 바랍니다./

[암문]

Step Car 택 1	• 공항 사ː정으로 ∨ 여러분을 터미널까지 버스로 모ː시겠습니다./ 　계단을 내려 가실 때 주ː의하시고 • 공항 사ː정으로 ∨ 터미널까지 걸어서 이동해ː 주시기 바랍니다. 　계단을 내려 가실 때 주ː의하시고

내리신 후ː 짐을 찾으실 때는 ∨ 다른 짐과 바뀌지 않게 수화물표를 확인해ː 주십시오.

필요시	• 아울러 공항 요청에 따라 ∨ 여권(과 입국 서류)을 손에 들고 내려 　　　　　　　　　　　　　　　　[여권] 　주시기 바랍니다. • 아울러, 공항 요청에 따라 ∨ 여권 커버를 벗기고 입국 심사를 받으 　시기 바랍니다.

//안녕히 가십시오.

• 확인해, 이동해, 공항, 수화물 : 'ㅎ'발음 주의
• 확인, 바뀌지, 수화물, 여권 : 이중모음 주의

in-flight
announcement

INDIAN
OCEAN

AUSTRALIA

in-flight announcement

영어 방송

영어의 끊어 읽기 7가지 규칙

끊어 읽기(혹은 묶어 읽기)는 영어를 좀 더 부드럽게 말하고
정확한 의미전달을 하기 위해 필수적인 요소이다.

❶ 주어 앞에 오는 부사구와 부사절은 주어 앞에서
끊어 읽는다.
Under these situations, / we cannot carry
out the good result.//

❷ 긴 주어 다음에 끊어 읽는다.
The books / [on the desk] / are mine.//

❸ 긴 목적어 앞에서 끊어 읽는다.
He told me / that he had finished the work.//

❹ 진 주어 또는 진 목적어 앞에서 끊어 읽는다.
It is very hard / for me to do the duty.//

❺ 삽입구나 삽입절의 앞과 뒤에서 끊어 읽는다.
He is, / I'm sure, / a really capable teacher.//

❻ 절 앞에서(접속사, 의문사, 관계대명사, 관계부
사 앞) 끊어 읽는다.
The questions were so difficult / that we
could not solve them.//

❼ 구 앞에서(전치사, 분사, 부정사, 동명사 앞)
끊어 읽는다.
I want / to go / to a high school.//

CHAPTER 05

 영어 방송

① 국내선 방송

1-1 PREPARATION FOR DEPARTURE

Attention passengers, /

This is (Airlines) Air, / flight (flight number) / bound for (destination). /

We will be departing soon. /

Please make sure / that you carry-on items / are stored / in the overhead

- Carry-on 두 단어를 함께 읽되, 늘이듯 발음한다.
- Items [t]발음은 [airθms]로 발음하지 않도록 한다. [t]발음은 [d]로
- Overhead - [oʊvərhed]로 발음한다.

compartment / or directly under the seat / in front of you. /

Also, / please / do not get up / and walk around the cabin / and fasten

your seat belt. /

Thank you for your cooperation. /

- Cooperation - 2음절에 강세를 둔다.

f	[f]	[ㅍ흐]	fan fat
윗니로 아래 입술을 누르고 바람을 내보낸다.			

2-1 WELCOME

Good morning (/ afternoon / evening), / the ladies / and gentlemen. /

- Ladies [leidiz]
- Gentlemen [ʤétlmén]

Captain (Kim) / and the entire crew / would like to welcome you / on

- Captain [kǽptən,-tin]

board / SKY Air. / This is flight 222, / bound for (via) Osaka. /

공동운항 code-sharing with _____ (Airlines)

Our flight time today / will be _____ hour(s) / and _____ minute(s) / after

- Today 강세는 2음절

take-off. /

During the flight, / our cabin crew will be glad to help you / in any way we can.

In preparation for departure, / please take your assigned seat, / fasten your seatbelt / and tray table to the upright position. /

Also, / we would like you to turn off all cellular phones / and electronic device / as they can disturb aircraft's navigational system. /

[GMP, ICN, CJU, USN, RSU, YNY 제외]
Because / this airport is also used by the military, / taking photos of this airport / is not allowed.

And please direct your attention / to the screens / in front of you / or cabin crew / for safety information. /

- 첫 방송은 그 비행의 이미지를 좌우할 만큼 중요하다
- 정성스런 마음으로 고객을 모시겠다는 자세로 방송을 한다.
- 공동운항편이 있을 경우 운항편의 편수도 미리 메모해 두어야 한다.
- 목적지까지의 비행시간, 기장성명, 운항편은 반드시 메모해 둘 것
- 현지 승무원 탑승시에는 탑승유무를 언급한다.

2-2 WELCOME: SPECIAL

● 새해인사 (실시 일자: 새해 당일)

Happy New Year, / ladies / and gentlemen. /

Captain (Family Name) / and the all crew members / would like to /

● would like to 에서 like를 강하게 발음

welcome abroad (항공사명), / flight (비행편), / bound for (도착지명). <이하 동일>

● 설날 (실시 일자: 설 연휴)

Good morning (/ afternoon / evening), / all the passengers. /

It's a great happiness / to have you on the plane / during the Lunar

New Year Holiday. /

Captain (Family Name) / and the all crew members / would like to

welcome abroad (항공사명), / flight (비행편), / heading for (도착지명).

● 추석 (실시 일자: 추석 연휴 기간)

Good morning (/ afternoon / evening), / ladies / and gentleman. /

It's a pleasure / to have you on board / during the Korean Thanksgiving

holiday. / Captain (Family Name) and the all crew members / would like / to

welcome abroad (항공사명), flight (비행편), heading for (도착지명). / <이하 동일>

● 성탄절 (실시 기간: 성탄절 당일)

Merry Christmas, / all the passengers. /

Captain (Family Name) / and the entire crew / would like / to welcome

abroad (항공사명), / flight (비행편), / heading for (도착지명). / <이하 동일>

3-1 SEA BELT SIGN OFF

Please, / attention, / all the passengers. /

* Please [Plíːz]

The captain has just turned off the seatbelt sign. /

However, / in case of any unexpected turbulence, / we strongly

* Turbulence tur의 터얼~ [r]발음

recommend you / keep your seat belt fastened / at all times / in flight.

Also, /smoking is not allowed.

Please / beware / when opening the overhead storage bins / as the

contents may fall out / during the flight. /

If you need any help, / please / let us know. /

Thank you. /

* 특히 터블런스 방송은 , 방송담당 근무자가 화장실을 가거나 휴식을 갈 때 다른 승무원에게
  방송을 일임하고 가야한다.

CHAPTER 05

4-1 TURBULENCE 1차

Ladies / and gentlemen, /

For your safety, / please / return to your seat / and fasten your

- Return - 2음절의 r 발음을 정확히
- Fasten [fæsn]

seatbelt / because of / unexpected turbulence. /

- Turbulence - tur의 [r]발음 나도록 발음

- Turbulence 시에 즉각적인 방송을 통하여 승객의 안전을 도모 한다.
- 안전에 대한 방송임으로 급하게 읽지 않는다.
- 비행근무 시, 방송담당 근무자가 Rest를 갈 때, 다른 승무원에게 Turbulence 방송을 일임하고 간다.

v	[v]	ㅂ흐	vase very

윗니로 아랫입술을 물고 "브"발음을 한다. [f]와 같이 발음하나 성대를 사용한다.

5-1 APPROACHING SIGNAL 후

Ladies / and gentlemen, /

we are reaching (name) airport. /

At this moment, / we ask you / to please place you carry-on <u>baggage</u>

in the overhead compartment / or under the chair in front of you. /

Thank you very much for your kind cooperation. /

th	[θ]	우리말에 없는 발음	thin / θin / math / mæθ / three / θri: /

혀를 내밀어 윗니에 붙인 후 바람을 밀어낸다.

6-1 LANDING SIGNAL 후

All passengers, /

we will be landing soon. /

• We will be - We'll be로 발음하며, Will 발음을 충분하게 내지 않는다.

In preparation, / please / fasten your seat belt, / come back your seat / and return tray table to the upright position, / and open your window shades. /

Also, / please / turn off mobile phones / and electronic devices / until the airplane has been parked / at the gate. /

Thank you. /

z / s	[Z]	ㅈ	freezer pause

윗니와 아랫니를 붙이고 혀를 그 뒤로 붙인 뒤 "즈" 발음을 한다. / z / 발음은 / s / 발음과 구강 구조와
입모양이 동일하나 / s / 발음이 성대가 떨리지 않은 반면, / z / 발음은 성대가 떨리게 발음합니다.
공기를 강하게 밀어내면서 발음한다.

7-1 FAREWELL

Ladies / and gentlemen, / welcome to (도시명). /

we have landed / at (공항명) <international> airport. /

> [30분 이상 지연 / 기상, 천재지변 등 당사 귀책사유가 아닌 경우]
> Today / we were delayed due / to _____ . /
> We appreciate your patience / and kind understanding. /

Please / remain seated / until the captain turns off the seatbelt sign. /

Be careful / when opening the overhead compartment / as the contents

may have shifted / during the flight. /

Please / remember / to take <u>all</u> of your belongings. /

ICN 도착편	[환승전용내항기 제외] If you have checked-in to your final destination, / please / proceed directly to the departure gates. / [환승전용내항기 - PUS발 ICN 도착편] If you have checked-in to your final destination, / please / proceed to the security check / on the 2nd floor / and then to the departure gates / on the 3rd floor. /

Thank you for / being our guests today. / We hope / to see you again

soon / on your next flight. /

th	[ð]	우리말에 없는 발음	that / ðæt / father / fɑːðər / these / ði:z /

혀끝을 윗니와 아랫니 사이에 위치시키고 공기를 밖으로 밀어내면서 "더"라고 소리를 낸다.
/ θ / 발음과는 달리 성대가 울리는 유성음이다.

7-2 FAREWELL : IRRE. 상황 발생시

Ladies / and gentlemen, /

we have landed / at (공항명) <international> airport. /

> [Divert 후 최종 목적지 도착]
> Because of _____ , / we had to divert to _____ airport. /
> We very much apology the delay / in our arrival / and hope / for your kind understanding. /

Please / stay seated / until the captain turns off the seatbelt sign. /

When opening the overhead bins / be careful / of bags / that may fall out / and injure you / or other passengers. /

Please / don't forget / to take all / of your personal goods. /

ICN
도착편

> [환승전용내항기 제외]
> If you have checked-in to your final destination, / please / go directly to the departure gates. /
>
> [환승전용내항기 - PUS발 ICN 도착편]
> If you have checked-in to your final destination, / please / go to the security check / on the 2nd floor / and then to the departure gates / on the 3rd floor. /

Thank you for / being with (항공사명) / and we would like / to see you again soon / on your next flight. /

- DELAY 방송은 발생 직 후, 변동이 발생할 때마다, 즉시 안내방송을 실시하며, 승객들의 상태 및 시간의 흐름을 고려해 방송 실시 간격을 조절한다
- 콧소리로 방송하거나 반복적으로 끝을 늘리거나 내기거나 올려서 방송하지 않는다. 기종에 따라 마이크 사용시, 갑자기 기계음이나 큰소리 나지 않도록 유의한다.

국제선 방송

1-1 BAGGAGE SECURING

Ladies / and gentlemen,

Thank you for / flying with us today. /

This is (항공사명) Air / (비행편) / bound for (도착지명).

For your safety, / please / store your carry-on baggage / in overhead compart / or under the seat / in front of you. /

Thank you. /

2-1 PREPARATION FOR DEPARTURE - 출발 5분 전

Ladies / and gentlemen, /

this is (항공사명) flight (항공편) / bound for (도착지명) (via _____).

We will be departing shortly. /

Please / make sure / that your carry-on baggage / is stored / in the overhead bins / or under the seat / in front of you. /

Also, / please / take your assigned seat / and fasten your seatbelt. /

Thank you. /

s / c	[S]	/ ㅅ / 혹 은 / ㅆ /	sad essay sauce

혀의 전면 윗 부분을 들어 올려 딱딱한 입천장 쪽으로 가져가며 혀끝의 아랫부분이 아랫니 뒷면에
살짝 닿게 하며 혀의 측면이 어금니 안쪽을 가볍게 밀면서 공기를 혀의 윗면을 거쳐
혀끝과 윗니 사이의 좁은 공간을 통해 밀어내면서 / 스 / 하는 소리를 낸다.

3-1 WELCOME AT ORIGINAL STATION : GENRAL

- Safety Check 후 전승무원 Welcome

Good morning (/ afternoon / evening), / ladies / and gentlemen.

On behalf of captain (Family name) / and all of our crew members / are

* Captain [kǽptən,-tin]

pleased / to welcome abroad (항공사명). / This is flight (편명), / bound for

(도착지명) <via _____

Our flight time to (목적지 / 중간기착지) today / will be _____ (시간) _____ hour(s)

/ and _____ (분) minute(s) / after take off.

현지 승무원 탑승시	[일반적인 경우] We have (a) (name of country) based cabin crew / on board. [운항노선의 언어 구사 가능한 기타지역의 현지 승무원이 탑승한 경우] We have (a) (name of country) based cabin crew / on board / to assist you / in (Language).

During the flight, / our cabin crew / will be pleased / to assist you / in

any way we can. /

* Pleased to [d]에서 혀를 떼지말고 바로 'to'로 발음
* In ány way we can 끊지 않고 한번에 읽는다

[기내판매 전담승무원 탑승 시]

Our flight today / is very short / so we will be taking duty free orders / once we have taken off.

* Today 강세는 2음절에 있다.

You may place an order / with our cabin crew / and your items will be delivered / after the meal

service.

In preparation for departure, / please / go back to your seat, / return tray table to the upright position / <u>and check your seatbelt</u> / is fastened. /

Also, / we ask you / to turn off all mobile phones / and portable electronic devices / as they can interfere / with the aircraft's navigational system. / And please / direct your attention to the video screens (cabin crew) / for safety information. /

4-1 SEAT BELT SIGN OFF : 좌석벨트 착용 안내

Ladies / and gentlemen, /

the captain just has turned off the <u>seatbelt</u> sign. /

We strongly recommend / that you keep your seatbelt <u>fastened</u> / at all

times while <u>seated</u>. /

- Seated [síːtid]

<u>Please</u> / be careful / when you opening the overhead bins / as the

- Please [Plíːz]

contents may have fallen out / during the flight. /

(a name of the membership program) is (항공사명)'s frequent flyer

program / that provides our valued customers / with travel awards /

and special incentives. / For more information, / you may refer to the

magazine.

If you wish to join, / <u>please</u> / ask our cabin crew. /

- Please [Plíːz]

Thank you. /

r	[r]	ㄹ	red
			right

혀를 위로 말아서 "어-"라고 발성을 하며, 이때 혀는 입천장을 닿지 않는다.

5-1 서비스 순서 안내

Ladies / and gentlemen, /

- Ladies [leidiz]

We would like / to briefly inform you / about our service today.

- would like to에서 like를 강하게 발음

We will start our in-flight service / beginning with drinks, / and (breakfast / lunch / dinner / a light meal) / with follow.

[첫번째 식사후 면세품 판매시]

Also, / in-flight sales will begin / after the meal service / is finished.

And, / approximately, / _____ hour(s) _____ minutes / before landing, / (breakfast / lunch / dinner / a light meal) will be served.

[두번째 식사후 면세품 판매시]

Also, / in-flight sales will begin / after the meal service / is finished.

Thank you for / choosing <항공사명>, / have a pleasant flight.

l	[l]	ㄹㄹ	leg telephone

허끝의 약간 아래 면을 윗니 뒷부분과 딱딱한 잇몸이 이어지는 부분 근처에 가볍게 갖다 대고 발음합니다. /
l / 발음은 유성음이기 때문에 발음 시 성대가 떨어야 하며 우리말에 있는 발음이므로 / l / 발음 자체를
발음하기는 어렵지 않으나, / r / 발음과 혼동 되므로 l로 시작되는 단어는 앞에
"을"자를 붙여서 읽으면 정확하며 "R"과의 구별도 가능하다.

6-1 ENTRY DOCUMENTS : GENERAL

Ladies / and gentlemen, /

- Ladies [lédiz]　- Gentlemen [dʒétlmén]

All passengers / entering into (국가명) are requested / to have your entry documents ready.

Our cabin crew members / will be handing out entry documents.

If you need any help, / please / inform our cabin crew.

g	[g]	ㄱ	give ghost

혀의 뒷부분 즉 목구멍 근처에 있는 혀의 뿌리 부분을 밀어 올려 식도 가까운 곳의
입천장과 닿게 하여 공기의 흐름을 차단하다 공기를 막고 있던 혀의 뒷부분을 아래로 내려
공기를 하면서 성대가 떨리도록 / r / 소리를 낸다.

CHAPTER 05

7-1 IN-FLIGHT SALES

Ladies / and gentlemen, /

• Ladies [lédiz]　　• Gentlemen [dʒétlmén]

we will begin the sale of duty-free items. / You may purchase items now, / or pre-order any duty free items / for your return flight.

Due to restrictions / on liquids / and gels / for transit passengers, / please / ask our cabin crew / before purchasing these items. / We would like /to help you.

k / c	[k]	ㅋ	key coast

혀의 뒷부분 즉 목구멍 근처에 있는 혀의 뿌리 부분을 밀어 올려 식도 가까운 곳의
입천장과 닿게 하여 공기의 흐름을 차단하고 나서 공기를 막고 있던 혀의 뒷부분을 아래로 내려
공기를 갑자기 방출하면서 / ㅋ / 소리를 낸다.

8-1 TURBULENCE 1차

Ladies / and gentlemen, /

We are passing through turbulence. /

• Turbulence - tur의 [r]발음이 나도록 한다.

For your safely, / please / return to your seat / and fasten your seatbelt. /

• Return - 강세는 2음절   • Faste [fǽsn]

Thank you. /

• Turbulence 시에 즉각적인 방송을 통하여 승객의 안전을 도모 한다.

• 안전에 대한 방송임으로 급하게 읽지 않는다.

• 비행근무 시, 방송담당 근무자가 Rest를 갈 때, 다른 승무원에게

• Turbulence 방송을 일임하고 간다.

| 9-1 | MOVIES |

Ladies / and gentlemen, /

our film(s) today / is (are) ____(영화명)____ (and ____).

As a courtesy to other passengers, / we would like / to ask you to please

　　　　　　　　● would like to에서 like를 강하게 발음

/ close your window shades. /

Thank you.

t	[t]	ㅌ	coat time

혀끝의 윗면을 윗니 뒷면과 이어지는 잇몸 부분에 밀착하여 공기를 막고 있는 혀를 재빨리
아래로 떨어뜨려 공기가 순간적으로 방출하며 성대가 떨리지 않은 상태에서 / x / 소리를 낸다

10-1 BEGINNING OF 2ND MEAL SVC

(Good morning / afternoon / evening) Ladies / and gentlemen, / we will land / at _____(공항명)_____ airport / in about _____ hour(s) / and minute(s).

Our cabin crew will be serving beverages / and a light snack (breakfast) / in a few minutes.

d	[d]	ㄷ	deep ride

혀를 윗니 뒷면 잇몸과 닿는 부분에 밀착시켜 공기를 차단시킨 다음, 미리 성대와
입안이 약간 울리게 하는 준비과정을 거쳐 / d / 발음한다.

11-1 HEADPHONE COLLECTION

Ladies / and gentlemen.

Now, / we will finish the entertainment program / and preparing for landing. /

The cabin crew will collect headphones / and magazines. /

Thank you / for your cooperation.

U / O	[ʌ]	[어]	love / lʌv / fun / fʌn / stuck / stʌk /

혀끝이 아랫니 뒷면에 가볍게 닿도록 하고 입술을 편하게 약간 벌리면서
혀의 중간 부분을 약간 들어올리면서 / 어 / 발음합니다.

12-1 ARRIVAL INFORMATIN : GENERAL

Ladies / and gentlemen, /

[입국서류가 있는 노선]

To enter (국가명), / please / have your entry documents ready.

[중 / 장거리 노선]

(Also,) / we will now collect headphones / and magazines.
Thank you.

[TLV 도착 시]

Also, / according to Israeli Security Regulations, / in a few minutes, /
you must return to your seat / and fasten your seatbelt / during our descent, / approach, / and
landing. /
Thank you. /

U / OO	[u]	[위]	book / buk /
			hood / hud /

혀끝이 아랫니 뒷면에 가볍게 닿게하고 입술은 약간 벌어지면서
약간 둥근 형태로 만들면서 [우]라고 짧게 발음한다.

CHAPTER 05

13-1 STATION REGULATIONS : 여권 또는 탑승권 소지

Ladies and gentlemen, /

The immigration authorities / at this airport / have notified us / that their officials will be enforcing a brief inspection of passports / and other travel documents / before deplaning. / All passengers / are asked / to stay seated / and have their passports ready. /

We would like / to <u>appreciate</u> your cooperation. /

      ● 2음절에 강세가 온다.

O 혹은 a, au, ou, aw	[ɔː]	[오]	law / lɔː / bought / bɔː t /

혀의 끝을 아래로 낮추면서 혀에 힘을 빼고, 혀끝이 아래 잇몸 뒷면에 가볍게 닿도록 하고
둥근 모양을 한 입술을 가볍게 앞으로 약간 밀어 돌출시킨 다음 [오]라고 발음한다.

14-1 TRANSIT PROCEDURE

Ladies / and gentlemen, /

if you are continuing / on to (지역명) with us, / you ought / to take all of your belongings / including boarding pass / when you leave the aircraft. /

After leaving the airplane, / proceed to the transit area. /

Our scheduled departure time / for _____ is _____ (a.m / p.m.). /

• scheduled departure - /d/ 발음이 두 번 겹치는 경우 앞에 있는 /d/ 발음은 거의 소리가 나지 않는다.

Please / pay attention / to your boarding announcement / in the transit area. /

Thank you very much. /

O 혹은 a, au, ou, aw	[ɔː]	[오]	law / lɔː / bought / bɔːt /

혀의 끝을 아래로 낮추면서 혀에 힘을 빼고, 혀끝이 아래 잇몸 뒷면에 가볍게 닿도록 하고
둥근 모양을 한 입술을 가볍게 앞으로 약간 밀어 돌출시킨 다음 [오]라고 발음한다.

15-1 APPROACHING

Ladies and gentlemen, /

we are reaching _____ (international) airport. /

We will be preparing for the landing. /

Please / stow your carry-on items / in the overhead bins / or under the

seat in front of you. /

Thank you.

A와 O	[a]	[애]	clock / klak / mop / map /

혀끝을 아랫니와 잇몸이 만나는 근처에 가볍게 닿게 하고
입술은 적당히 넓게 벌린 상태에서 / 아 / 발음한다.

16-1 TRANSIT GATE INFORMATION

Ladies / and gentlemen, /

our gate number / at (공항명) International airport is _____ . /

[AVOD를 통해 연결된 정보가 확인 불가한 경우]

Please / listen for your connecting gate number.
(항공사명) flight (편명) to (목적지), / gate _____ ,
(항공사명) flight (편명) to (목적지), / gate _____ ,
(항공사) flight (편명) to (목적지), / gate _____ ,
For further information, / please / ask our cabin crew.

[AVOD를 통해 연결된 정보가 확인 가능한 경우]

For connecting gate information, / please / refer to your individual monitor / or
ask our cabin crew.

A	[æ]	[애]	cat / kæt / man / mæn /

혀끝을 아랫니 뒷면에다 밀어 붙어 혀끝이 아랫니 뒷면과 밀착되도록 하고 입모양은
적당히 벌린다음 혀의 면이 보일 정도로 혀끝을 아랫니 뒤에 두고 혀를 앞으로 밀어 붙이면서
소리가 혀의 전면에서 난다는 기분으로 [애]라고 발음한다.

17-1 LANDING

Ladies / and gentlemen, /

we will be <u>landing</u> shortly, /

Please / fasten your seatbelt, / return your seat / and <u>tray</u> table / to the

upright position, / and open your window blinds. /

Also please / turn off mobile phones / and <u>portable</u> <u>electronic</u> devices. /

Thank you.

E	[ɛ]	[에]	egg / ɛg / men / mɛn /

혀의 뒤쪽 양측면이 양어금니 안쪽면에 편안하게 닿도록 하고 입을 약간 벌린 상태에서
턱과 혀는 움직이지 않은 상태에서 / 에 / 소리를 냅니다.

18-1 FAREWELL AT TERMINAL STATION : GENERAL

Ladies / and gentlemen, /

we have just arrived / at (공항명) (international) airport. /

[30분 이상 지연 / 기상, 천재지변 등 당사 귀책사유가 아닌 경우]

Today we were delayed / due to _____ . /

The local time is / (8:35) a.m. / p.m., / (day-of-the-week), / (month), (date).

Please / remain seated / until the captain turns off the seatbelt sign. /

Be careful / when opening the overhead compartment / as the contents may have fallen off / during the flight. /

Please / don't forget / to take all of your personal belongings with you. /

Thank you for / choosing (항공사명) / and we would like / to see you again soon. /

- 고객의 집중하는 마지막 방송으로 항공사마다 조금씩 차이는 있지만 인천도착편중 도착후 연결편 승객에 대한 탑승구 안내 및 현지 시각(Local time), 날짜와 요일, 기온 등 여러 가지 주요 정보를 있기 때문에 미리 메모지에 잘 적어둔다. 숫자 관련한 사항은 또박또박한 발음으로 잘 전달하여야만 한다.

- [시간]

오전 7시	Seven a.m. (오전은 a.m. 으로 읽는다)
오전 7시 5분	Seven O Five a.m. (O를 zero라고 읽지 않는다)
오후 7시 35분	Seven Thirty Five p.m.(오후는 p.m. 으로 읽는다)

< Delay시 참고 예문 >

착륙 시 도착지 기상조건으로(해무, 폭우, 폭설등으로 인하여) 공중선회, 지연, 회항 등의 사유로 늦는 경우에는 반드시 방송을 통해 양해를 구하고, 군집 행동을 방지하기 위해 방송을 실시한다.

- 기상조건 (weather conditions)
- 이륙허가를 기다리는 (late take-off clearance from the control tower)
- 이착륙 비행기가 많아 차례를 기다린 (traffic congestion)
- 활주로 제설작업 (snow being removed from the runway)
- 심한 맞바람 (strong headwinds)
- 공항 혼잡 (airport congestion)

in-flight announcement

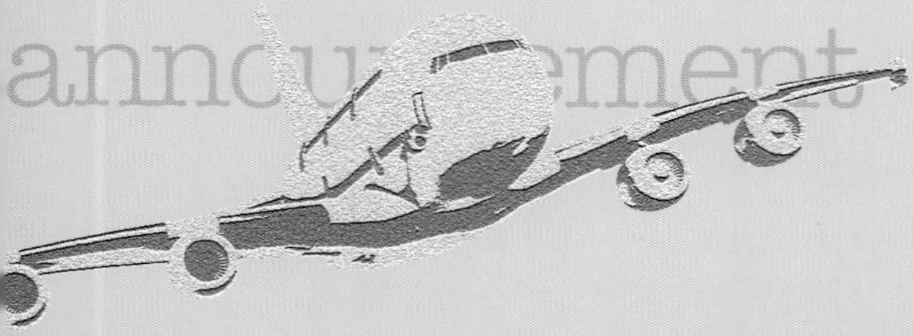

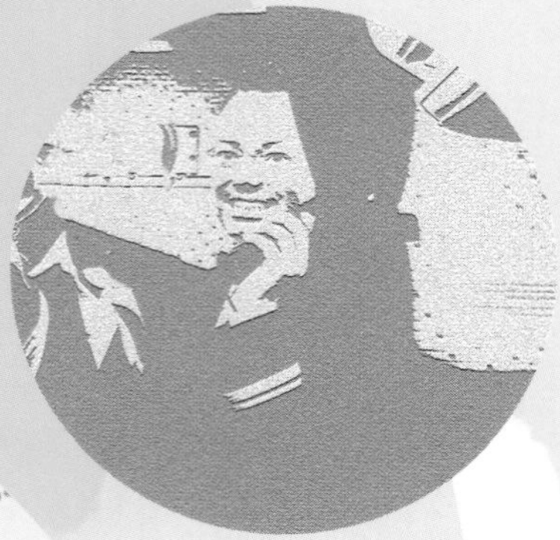

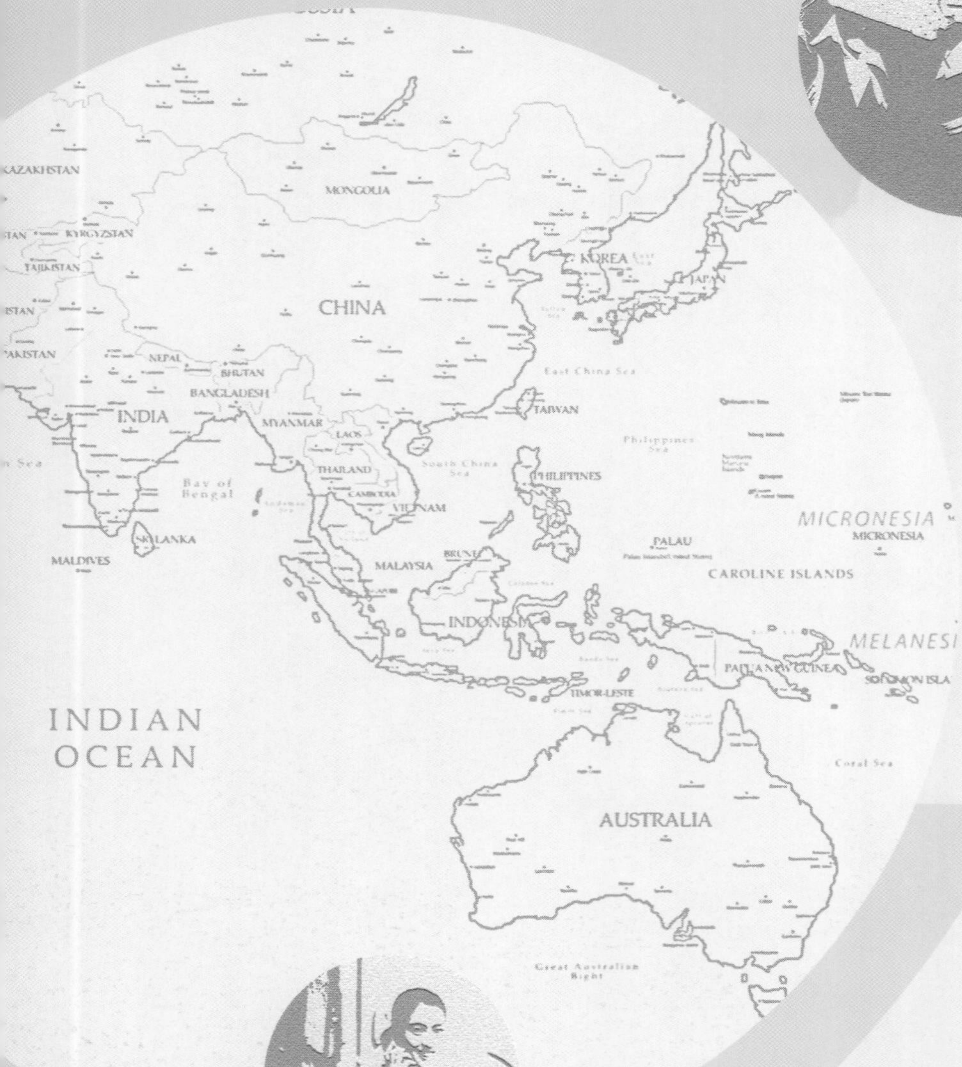

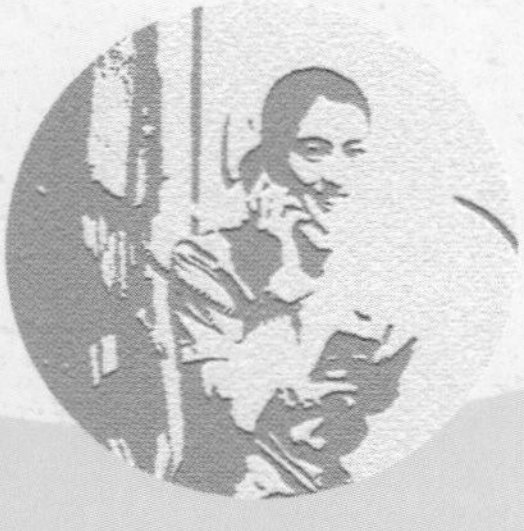

in-flight announcement

APPENDIX

부 록

① 외항사 방송문

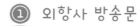

🔊 Before take-off

Good morning, ladies and gentlemen

On behalf of ○○○ Airlines, welcome abroad our Megaton 747 flight ○○ 338 to Bombay and Manchester.

Captain Theobaldish command, and your in-flight to Bombay will be about three hours and twenty minute.

Before we take-off please make sure your seat back upright and secure your tray table and headset.

Please fasten your seatbelt and observe the 'No-smoking' sign.

We are glad to have you with us, and

🔊 After landing

Ladies and gentlemen,

We have just landed at Athens.

The local time is four thirty-five in the morning and the temperature is 13 degree Celsius, 52 degrees Fahrenheit.

For your safety, please stay in your seat until the aircraft has lometo a complete stops, and the seat-belt sign is turned off.

Before you leave the aircraft, please check that you have all your hand luggage with you, and make sure that nothing is left in the seat-pocket or under your seat.

Please take care when opening the overhead compartments as the contents may have moved during the flight.

We hope you have enjoyed your flight and we look toward to seeing you again soon.

Thank you for flying 0000 Airlines.

APPENDIX

🔊 Arrival Announcement

Ladies and gentlemen!

May I have your attention, please?

We will be landing at Honolulu International Airport in 10 minutes.

Please fasten your seat belt and refrain from your smoking.

Please remain in your seat until this aircraft comes to a complete stop.

The local time is 9:20 a.m.

All passengers leaving here are requested to have their passports and disembarkation cards ready for inspection by the authorities.

We hope that you have enjoyed your trip, thank you.

🔊 Before take-off

Good morning, ladies and gentlemen

On behalf of captain Cooper and his crew, I would like to welcome to you abroad ○○○○ Airline No. ○○ 357 to Abu Dhabi.

Our flight to Abu Dhabi will take 90 minutes and we shall be flying at height of 35,000 feet.

You are kindly requested to fasten your seatbelt, put your seat backs in the fully upright position and please, attention to the 'no smoking' sign.

Please note that smoking in the toilets is forbidden at all times.

We advise that you keep your seatbelt fastened thought the flight.

Thank you.

🔊 Before take-off

This is your seatbelt.

To fasten, insert the metal link into the buckle and tighten the belt by pulling on the buckle strap.

To unfasten the seatbelt, lift the metal flap.

Should the cabin pressure becomes low,

an oxygen mask like this will appear from the compartment above you.

Immediately pull the mask firmly towards you until this cord comes free.

Place the mask over your nose and mouth with the

headband tightly around your head and breathe normally.

You must place the mask on yourself before attending to theose under your care.

Your life jacket is under your seat.

TO use it, slip it over your head like this.

Clip on the waist bands and pull them tight.

② 지상직 방송문

1) 탑승 안내

○○ 항공에서 탑승 안내 말씀 드리겠습니다.
○○ 항공 _____ 편 _____ 로 출국하시는 손님께서는
현재 탑승을 시작하고 있사오니 _____ 번 탑승구로
탑승하여 주시기 바랍니다.

May I have your attention please.
This is the boarding call for ○○ Air flight _____
bound for _____
Please proceed to gate _____ for boarding.

2) 승객 호출 방송(안내 데스크)

○○ 항공에서 손님을 찾습니다.
_____ 손님, ○○ 항공 _____ 편 _____ 로 출국하시는
_____ 손님께서는 안내 데스트로 나와주시기 바랍니다.

May I have your attention please.
Mr. Ms. Mrs. _____ on ○○ Air flight _____ bound for _____
Please contact ○○ Air information desk.
Thank you.

3) 지연 안내

▶ 탑승지연 안내

○○ 항공에서 탑승 안내 말씀 드리겠습니다.
○○ 항공 _____ 편 _____ 행은 _____ 로 인하여
탑승이 지연되고 있습니다.
손님 여러분께 불편을 끼쳐드려 대단히 죄송합니다.

May I have your attention please.
The boarding time of ○○ Air flight _____
bound for _____ will be delayed due to _____ .
We are very sorry for this inconvenience.
Thank you.

▶ 탑승지연 시간 확정 안내

대한항공에서 _____ 로 여행하시는 승객여러분께 죄송한 안내 말씀 드리겠습니다.
대한항공 _____ 편 _____ 행 항공기는 연결편 도착지연으로 인하여,
탑승(수속)이 지연되어 _____ 시 _____ 분에 탑승(수속)을 시작할 예정입니다.
이점 널리 양해하여 주시기 바라며 승객여러분께 불편을 끼쳐드려 대단히 죄송합니다.
감사합니다.

The boarding (Chk-in) for Korean air flight _____ bound for _____ is
behind schedule due to the Aircraft connection.
The new boarding (Chk - in) time will be _____ .
We are sorry for this inconveniecne.
Thank you.

▶ 탑승지연 참고예문

① 항공기 정비 / maintenance of the aircraft
② 항공기 변경 / a change of the aircraft
③ 기내 준비 / The aircraft is now being serviced
④ 기상 악화 / Weather conditions in _____ area / _____
⑤ 활주로 제설 작업 / Snow removal from the runway

  • 태풍으로 인하여 : _____
  • 강풍으로 인하여 : _____
  • 기재 변경으로 인하여 : _____

4) 결항안내

▶ 수속 전 결항안내

대한항공에서 _____(으)로 여행하시는 손님 여러분께 죄송한 안내말씀 드리겠습니다.
_____시 _____분 출발예정인 대한항공 _____편 _____행은 _____(으)로 인하여 결항 되었습니다.
이점 널리 양해하여 주시기 바라며, 자세한 안내를 원하시는 손님께서는
대한항공 안내 카운터로 와 주시기 바랍니다.
불편을 끼쳐드려 대단히 죄송합니다.
감사합니다.

May I have your attention please.
We are sorry for announced that Korean Air flight _____ bound for _____
has been cancelled due to _____
For more information, please come to the Korean Air counter.

We are sorry for this inconvenience.
Thank you.

▶ 탑승수속 완료 및 CIQ 입장

○○ 항공에서 _____ 로 여행하시는 손님 여러분께 대단히 죄송한 안내 말씀 드리겠습니다.

____ 시 ____ 분 출발 예정인 대한항공 ____ 편 ____ 행 항공기는 _____ 로 인하여, 부득이 운항 할 수 없게 되었습니다.

승객 여러분의 안전을 위해 결정되었사오니 이 점 널리 양해하여 주시기 바라며,

지금부터 손님 여러분의 출국 취소 절차에 대하여 안내 드리겠사오니,

손님 여러분의 협조를 당부 드립니다.

출국장내에 있는 면세점에서 구입하신 물품은 환불을 받아주시고,

시내 면세점에서 구입하신 물품은 면세품 인도장으로 가셔서 안내를 받아 주시기 바랍니다.

그리고 모든 손님께서는 출국 취소 여행자 휴대품 신고서를 작성하신 후,

세관에 제출하여 주시기 바라며, 신고서는 현재 ____ 에서 나눠드리고 있습니다.

신고서를 모두 작성하신 승객께서는 ____ 로 오셔서 출국 취소를 받아주시기 바랍니다.

탑승수속 시 맡기신 수하물은 입국장으로 가셔서 찾아주시기 바랍니다.

기타 자세한 안내가 필요하신 승객께서는 안내 카운터로 오셔서 안내를 받아주시기 바랍니다.

손님여러분께 불편을 끼쳐드려 대단히 죄송합니다.

May I have your attention of passengers deprting on 000 Air flight ____ bound for ____ has been cancelled due to _____ .

We are sorry for this inconvenience.

We would wish your great understanding for your safety.

To begin with fill out travellers baggage declaration form,

You are kindly required that all duty free goods must be refunded in shops.

We will give you some documents at the information counter

After all passenger complete this customs declaration form clearly,

Please submit it to customs staff.

Your checked baggage will be ready for collection at the baggage claim area in arrival lounge.

If you have any question, Please contact a 000 Air staff.

We are sorry for this inconvenience.

③ 면접인터뷰

　면접 인터뷰는 지원자의 적성과 인성 승무직과의 관계성에 있어서 얼마나 준비되어 있는 인재인지 알아보기 위한 과정이다.

　면접의 성공적인 인터뷰를 위해 필수 준비적인 사항을 꼼꼼히 진정성 있게 준비한다면 여러분들에게도 좋은 결과가 있으리라고 생각한다.

최근기출문제

❶ 최근에 행복했던 순간은 언제였는가?

❷ 본인이 생각하는 서비스란?

❸ 국내선에서 어르신들을 위한 서비스 아이디어가 있다면 말해 보세요

❹ 객실승무원으로써 갖춰야한 3가지 필수조건은 무엇인가?

❺ 인생에서 중요하게 생각하는 우성순위를 말해보세요.

❻ 평소에 즐겨하는 운동이 있다면 무엇인가?

❼ 시간이 날때면 무엇을 하고 보내는가?

❽ 평소에 가족들과의 대화시간이 얼마나 되는가요?

❾ 내 인생의 성공의 키워드는 무엇인가요?

❿ 자신이 힘들 때 극복하는 방법은 무엇인가?

⓫ 비행기를 탔을 때 항공사 승무원에 대한 느낌을 말해보세요.

⓬ 다른 사람과의 의견이 다를 때 어떻게 하는가?

⓭ 영향을 준 멘토는 누구인가?

⓮ 나의 강점과 약점에 대해서 말해 보세요

⓯ 승무원을 희망하는 이유가 무엇인가?

⓰ 대학생활에서 가장 의미 있었던일이 무엇인가?

⓱ 산과 바다중 어디가 더 좋은가?

⓲ 스트레스를 어떻게 푸는가?

⓳ 외인 친구가 한국에 왔다면 가장 먼저 소개해주고 싶은 곳이 있다면 어디인가?

⓴ 첫비행에서 가장 가고 싶은나라는,도시는 어디인가?

기내체조 : GENERAL

손님 여러분,

여러분의 쾌적하고 편안한 여행을 위하여 지금부터 기내체조 VIDEO를 상영하겠습니다.

피로 회복에 도움이 되는 여러 동작들을 화면에 맞춰 함께 해보시기 바랍니다.

감사합니다.

Ladies and gentlemen,

At this time, we will show you the in-flight exercise video.

Please try the motions on the screen.

It will help you feel more comfortable and relaxed during the flight.

Thank you.

⑤ 면세허용량 안내

계속해서 안내말씀 드리겠습니다.

한국에 입국하시는 손님의 면세 허용량은 담배 한 보루, 주류 한 병임을 알려드립니다.

감사합니다.

Ladies and gentlemen,

We would like to remind you that the duty free allowance entering KOREA is one bottle of liquor and one carton of cigarettes.

Thank you.

6 DEMO - (SAFETY DEMONSTRATION)

▶ VIDEO SHOWING

손님 여러분,
지금부터 안전에 관한 VIDEO를 상영하겠습니다.
앞쪽의 화면에 주목해 주시기 바랍니다.
감사합니다.

Ladies and gentlemen,
We'd like to familiarize you with the safety features of this aircraft.
Please take moment to view the following video program.
Thank you.

▶ LIVE DEMONSTRATION

손님 여러분,
비상용 장비와 비상구 이용방법에 대해 안내 말씀 드리겠습니다.
비상 탈출 시 사용 가능한 비상구는 승무원들이 가리키는 좌우에 각각 있습니다.
비상시 비상구 옆에 계신 손님은 승무원의 지시에 따라, 다른 손님들의 탈출을 도우셔야 합니다.
좌석벨트는 양쪽 고리에 끼워 몸에 맞게 조이시고, 풀 때는 뚜껑을 들어 당겨 주십시오.
기내에 산소 공급이 필요할 때는 선반 속에 있는 산소 마스크가 자동적으로 내려옵니다.
이때는 마스크를 앞으로 잡아당겨 호흡을 몇 번 하시고, 끈을 머리에 맞게 조여 주십시오.
바다에 내렸을 때 사용하는 구명복은 좌석 밑에 있습니다.
구명복은 머리 위에서부터 입으시고 끈을 허리에 감아 앞에 있는 고리에 끼워 조여 주십시오.
앞에 있는 손잡이를 당기시면 부풀어지며, 충분히 부풀지 않을 때는 고무관을 불어 주십시오.

구명복은 탈출 직전, 문 앞에서 부풀려 주십시오.

자세한 내용은 좌석 앞주머니 속의 안내서를 참고해 주십시오.

감사합니다.

Ladies and gentlemen,

This is the passenger safety briefing of this aircraft.

In case of an emergency evacuation, please follow the illuminated emergency lights in the cabin.

Passengers seated in an emergency exit row will be required to assist other passengers' evacuation following the instructions of our cabin crew.

To fasten the seatbelt, insert the metal tong into the buckle and pull the loose end for tightening.

To release the seatbelt, lift up the matal cover.

In case of a cabin decompression, oxygen masks will drop automatically.

Pull the mask towards you and cover your nose and mouth with mask, then adjust the head band.

Life vests are stowed under your seat for emergency ditching.

To put the vest on, slip it over your head, take the strap and put it around yout waist, then fasten.

Tighten your vest by pilling down on the strap.

To inflate the vest, pull down on the red tabs.

Additional air can be supplied into the vest by blowing in to the tubes on each side of the vest.

Inflate the vest just before you are ready to exit the aircraft.

For more information, please review the passenger safety briefing card.

Thank you.

⑦ 도시별 특성 문안

1) 국외

AMS	풍차와 튤립이 있는 평화로운 도시, 암스테르담
	음악과 꽃이 있는 운하의 도시, 암스테르담
ANC	[겨울철] 신비스러운 오로라와 눈부신 빙하가 조화를 이루는 알래스카, 앵커리지
	[여름철] 환상의 백야(白夜)를 체험할 수 있는 알래스카, 앵커리지
AKL	뉴질랜드 제일의 상공업도시, 오클랜드
	뉴질랜드의 중심도시, 오클랜드
	뉴질랜드의 관문, 오클랜드
ATL	미국 교통의 중심지 아틀란타
	96년 올림픽 개최지 아틀란타
BAH	아라비아만의 섬나라, 바레인
	중동 금융산업의 중심지, 바레인
BKK	황금빛 천사의 도시, 방콕
	황금사원이 있는 소승불교의 천국, 태국 방콕
	물과 사원의 도시, 방콕
BNE	해변 휴양지로 이름난 골드코스트의 도시, 브리즈번
	풍요의 땅 호주, 브리즈번
BOM	인도 최대의 무역항, 뭄바이
BOS	학문과 문화의 도시, 보스톤
CAI	피라미드와 스핑크스의 도시, 카이로
	오천년 역사와 나일강의 도시, 카이로
	성지로 가는 길목, 카이로(기독교 신도 다수 탑승 경우)
	말씀을 찾는 성지 순례의 길목, 카이로(기독교 신도 다수 탑승 경우)
CDG	예술과 낭만의 향기가 넘치는 문화의 도시, 파리
	세계 관광객의 영원한 꿈의 도시, 파리
	자유, 평등, 박애의 상징인 삼색기의 나라 프랑스, 파리
	화려한 예술과 낭만의 도시, 파리

CGK	고대와 현대가 함께 숨쉬는 도시, 자카르타
	인도네시아의 수도 자카르타
	석유와 원목의 나라 인도네시아, 자카르타
CHC	남태평양의 아름다운 해변 휴양지 뉴질랜드, 크라이스트처치
	뉴질랜드의 크라이스트처치
DEN	로키산맥의 대자연과 웅장함이 살아있는 미국 중서부의 거점도시, 덴버
	미국 중서부의 관광도시, 덴버
DFW	미국 중남부 경제, 교통의 중심지, 댈러스
DPS	지구상의 마지막 낙원 발리
	싱싱한 생명감이 넘치는 지상 최후의 낙원 발리
	독특한 힌두 문화가 살아 숨 쉬는 발리
	신비로 가득찬 환상의 섬 발리
	신비와 환상의 신혼낙원 발리(신혼 여행객 다수 탑승 경우)
DXB	아라비안만 연안의 국제무역항, 두바이
EWR	뉴저지의 관문, 뉴어크
FCO	옛날의 찬란했던 영광이 살아 숨 쉬는 고도, 로마
	관광의 나라, 이탈리아의 로마
	로마제국의 역사가 살아 숨 쉬는 도시, 로마
FRA	라인강에 얽힌 수많은 전설의 도시, 프랑크푸르트
	독일 금융 산업의 중심지, 프랑크푸르트
	괴테하우스가 있는 고풍스런 도시, 프랑크푸르트
GRU	고원에 우뚝 솟은 사도 바울로의 도시, 브라질의 상파울로
	남미 최대의 도시 상파울로
	커피와 축구의 나라, 브라질의 상파울로
	정열과 삼바의 나라, 브라질의 상파울로
GUM	남국의 정취를 만끽할 수 있는 태평양의 낙원, 괌
	열대의 아름다운 휴양지, 괌
	태평양의 낭만, 괌
	신비와 환상의 신혼낙원, 괌(신혼 여행객 다수 탑승 경우)
HAN	베트남의 수도, 하노이
	베트남 북부에 위치한 행정, 문화, 교육의 중심지, 하노이

HKG	동서양이 조화를 이루는 동양의 진주, 홍콩
	국제 관광도시, 홍콩
	자유 무역항, 홍콩
HKT	열대의 아름다운 해변 휴양지, 태국 푸켓
	신비와 환상의 신혼낙원, 푸켓(신혼 여행객 다수 탑승 경우)
HNL	태평양의 낙원 하와이, 호놀룰루
	문명과 원시가 함께 숨 쉬는 하와이, 호놀룰루
	세계의 낙원도시 하와이, 호놀룰루
	세계 제일의 휴양지 하와이, 호놀룰루
	훌라춤과 알로하 노래가 해변의 낭만과 어우러지는 하와이
	신비와 환상의 신혼낙원, 하와이, 호놀룰루(신혼 여행객 다수 탑승 경우)
IAD	미국의 수도이며 세계 정치의 중심지, 워싱턴
	근대 정치사의 현장, 워싱턴
	미합중국의 수도 워싱턴
	미국 역사와 정치의 중심지 워싱턴
	포토맥강을 중심으로 우뚝 선 기품 있는 도시 워싱턴
	미국 문화가 살아 숨 쉬는 도시 워싱턴
ICN	서울, 인천국제공항
JED	홍해 연안에 위치한 JEDDAH
JFK	미국 제일의 항구도시인 뉴욕
	국제 정치, 외교의 중심지 뉴욕
	지구촌 무역, 금융의 중심지 뉴욕
	자유의 여신상이 굽어보는 도시 뉴욕
KUL	고대와 현대가 조화를 이룬 정원 속의 도시, 쿠알라룸푸르
LAX	천사의 도시, 로스앤젤레스
	캘리포니아의 햇살이 눈부신 미국 서부의 관문, 로스앤젤레스
LHR	신사의 나라 영국, 런던
	민주적인 의회 정치의 산실 영국, 런던
	오랜 역사와 전통이 살아 숨 쉬는 도시, 런던
	해가 지지 않는 대영제국의 수도, 런던

MAD	정열과 투우의 도시, 마드리드
	투우와 플라멩코의 나라 스페인, 마드리드
	투우와 플라멩코의 정열이 숨 쉬는 스페인, 마드리드
	태양의 도시, 마드리드
MFM	동서교류 역사의 숨결이 느껴지는 마카오
	동서양 교역의 중심지, 마카오
	동서양의 문화가 어우러진 마카오
MNL	동양의 스페인, 필리핀 마닐라
	필리핀의 수도 마닐라
NAN	원시의 향기가 물씬 풍기는 피지, 난디
	남태평양의 쪽빛 낭만, 난디
	때묻지 않은 천연의 관광자원이 풍부한 피지의 중심도시, 난디
ORD	바람의 도시 시카고
	시어즈 타워의 도시 시카고
SFO	금문교의 도시, 샌프란시스코
	미국 서부로 가는 길목, 샌프란시스코
	아름다운 항구도시, 샌프란시스코
	미국 서부의 아름다운 항구도시, 샌프란시스코
SGN	아오자이의 도시 호치민
	베트남 경제, 문화의 중심지, 호치민
SIN	인공의 낙원 싱가포르
	정돈된 열대의 낙원 싱가포르
	남국의 정취가 물씬 풍기는 녹색의 섬나라 싱가포르
SPN	투명바다와 산호초로 유명한 사이판
	남태평양의 정취가 가득한 사이판
	남태평양의 낙원, 사이판
	때묻지 않은 원시림의 정취를 흠뻑 느낄 수 있는 사이판
	신비와 환상의 신혼낙원, 사이판(신혼 여행객 다수 탑승 경우)

SVO	유구한 역사와 위대한 예술로 만들어진 도시, 모스크바
	문화와 예술이 산재한 미지의 땅, 러시아, 모스크바
	장구한 역사와 위대한 예술이 산재한 나라 러시아, 모스크바
	크렘린과 붉은 광장의 도시, 모스크바
SYD	세계적인 미항 호주, 시드니
	세계의 3대 미항의 하나인, 호주 시드니
	때묻지 않은 자연 호주, 시드니
	자연과 문명의 조화가 신비스러운 호주, 시드니
TPE	수려한 대륙문화와 해상문화가 조화를 이루는 도시, 타이페이
	대만의 수도, 타이페이
TLV	황금빛 유적이 성스런 역사를 증거하는 땅 텔아비브
	이스라엘의 관문, 텔아비브
	성지로 가는 길목, 텔아비브(기독교 신도 다수 탑승 경우)
	베들레헴과 예루살렘으로 가는 길목, 텔아비브(기독교 신도 다수 탑승 경우)
YVR	신대륙의 평원 캐나다, 밴쿠버
	넓은 땅과 우거진 숲, 자원의 보고인 캐나다, 밴쿠버
	야생의 자연과 현대의 문명이 조화된 도시, 밴쿠버
YYZ	캐나다 최대의 도시 토론토
	캐나다 경제와 교통의 중심지 토론토
ZRH	자연과 인공이 절묘하게 조화를 이루고 있는 스위스, 취리히
	알프스 기슭에 위치한 세계의 공원 스위스, 취리히
	산과 호수의 대 파노라마가 연출되는 스위스, 취리히

2) 국내

광주	아시아문화중심도시, 광주
군산	서해안시대의 중심 도시, 군산
대구	의료 융·복합 도시, 대구
무안	백련향 가득한 순백의 고장, 무안
부산	아시아 영상문화의 중심 도시, 부산
	동북아 해상교역의 허브, 부산
	우리나라 최대의 항만 물류 도시, 부산
양양	상쾌한 아침을 여는 일출의 고장, 양양
	송어와 연우 축제의 고향, 양양
여수	2012년 세계박람회 개최 도시, 여수
울산	역동의 산업 도시, 푸른 울산
	친환경 생태 도시, 울산
원주	치악산의 정기가 서려있는 도시, 원주
제주	세계의 자연 유산, 제주
	태고의 신비가 가득한 섬, 제주
	평화와 번영의 국제자유도시, 제주
진주/사천	발전하는 천년 고도, 진주/사천
	충절의 고장, 진주/사천
	가야왕국의 천년 고도, 진주/사천
청주	교육의 도시, 청주
	청정 문화 도시, 청주
	세계 최고의 금속활자본 직지의 발상지, 청주
포항	제철산업의 중심도시, 포항
	첨단 과학산업의 도시, 포항
서울	서울 김포국제공항
인천	인천국제공항

⑧ 면세품 사전 주문제도 안내

▶ 방송 시점 : 음료서비스 시작 시점

손님 여러분,

저희 대한항공에서는 귀국하실 때 편리하게 면세품을 구입하실 수 있도록 면세품 사전 주문 제도를 운영하고 있습니다.

오늘 기내에서 주문하시면, 주문하신 상품을 귀국편 비행기에서 품절의 우려 없이 먼저 전달 받으실 수 있습니다.

사전 주문을 원하시는 분은 앞좌석 주머니 속에 있는 '귀국편 예약주문서'를 작성하신 후, 저희 승무원에게 말씀해 주시기 바랍니다.

Ladies and gentlemen,

Korean air offers sky shopping service.

If you would like to pre-order any duty-free items for your return flight, please contact one of our cabin crew members.

⑨ 세계 주요 공항 명칭

1) 국외 공항

CODE	종류	한국어	영어
AKL	도시명	오클랜드	AUCKLAND
ANC	도시명	앵커리지	ANCHORAGE
	공항명	테드 스티븐스	TED STEVENS
AOJ	도시명	아오모리	AOMORI
ATL	도시명	애틀랜타	ATLANTA
	공항명	하츠필드 애틀랜타	HARTSFIELD ATLANTA
AXT	도시명	아키타	AKITA
BAH	도시명	바레인	BAHRAIN
BKK	도시명	방콕	BANGKOK
	공항명	수완나품	SUVARNABHUMI
BKI	도시명	코타키나발루	KOTA KINABALU
BNE	도시명	브리즈번	BRISBANE [brisbn]
BOM	도시명	뭄바이	MUMBAI
	공항명	챠뜨라빠티 시와지	CHATRAPATI SHIVAJI
BOS	도시명	보스턴	VOSTON
	공항명	로간	LOGAN
CAI	도시명	카이로	CAIRO
CAN	도시명	광저우	GUANGZHOU
	공항명	바이윈	BAI YUN
CDG	도시명	파리	PARIS
	공항명	샤를 드 골	CHARLES DE GAULLE
CEB	도시명	세부	CEBU
	공항명	막탄 세부	MACTAN CEBU
CGK	도시명	자카르타	JAKARTA
	공항명	수카노 하타	SOEKARNO HATTA
CGO	도시명	정저우	ZHENGZHOU
CHC	도시명	크라이스트처치	CHRISTCHURCH
CMB	도시명	콜롬보	COLOMBO

APPENDIX

CODE	종류	한국어	영어
CNX	도시명	치앙마이	CHIANGMAI
CSX	도시명	창사	CHANG놈
	공항명	후앙후아	HUANGHUA
CTS	도시명	삿포로	SAPPORO
	공항명	신 치토세	NEW CHITOSE
DEN	도시명	덴버	DENVER
DFW	도시명	댈러스	DALLAS
	공항명	포트월스	FORT WORTH
DLC	도시명	다롄	DALIAN
	공항명	쪼우수이쯔	ZHOUSHUIZI
DXB	도시명	두바이	DUBAI
EWR	도시명	뉴어크	NEWWARK
FCO	도시명	로마	ROME
	공항명	피우미치노	FIUMICINO
FRA	도시명	프랑크푸르트	FRANKFURT
FUK	도시명	후쿠오카	FUKUOKA
GRU	도시명	상파울루	SAO PAULO
	공항명	과루료스	GUARULHOS
GUM	도시명	괌	GUAM
HAN	도시명	하노이	HANOI
	공항명	노이바이	NOI BAI
HIJ	도시명	히로시마	HIROSHIMA
HKD	도시명	하코다테	HAKODATE
HKG	도시명	홍콩	HONGKONG
HND	도시명	도쿄	TOKYO
	공항명	하네다	HANEDA
HKT	도시명	푸켓	PHUKET
HNL	도시명	호놀룰루	HONOLULU
IAD	도시명	워싱턴 디씨	WASHINGTON D.C
	공항명	델레스	DULLES
IST	도시명	이스탄불	ISTANBUL
	공항명	아타튀르크	ATATURUK

CODE	종류	한국어	영어
JFK	도시명	뉴욕	NEW YORK
	공항명	존 에프 케네디	JOHN F. KENNEDY
KIJ	도시명	니가타	NIGATA
KIX	도시명	오사카	OSAKA
	공항명	간사이	KANSAI
KMG	도시명	쿤밍	KUNMING
	공항명	우쟈빠	WUJIABA
KMQ	도시명	고마쓰	KOMATSU
KOJ	도시명	가고시마	KAGOSHIMA
KTM	도시명	카트만두	KATHMANDU
	공항명	트리부반	TRIBHUVAN
KUL	도시명	쿠알라룸푸르	KUALA LUMPUR
LAS	도시명	라스베이거스	LAS VEGAS
	공항명	맥캐런	MC CARRAN
LAX	도시명	로스앤젤레스	LOS ANGELES
LED	도시명	상트페테르부르크	ST.PETERSBURG
	공항명	풀코보	PULKOVO
LHR	도시명	런던	LONDON
	공항명	히드로	HEATHROW
MAD	도시명	마드리드	MADRID
	공항명	바라하스	BARAJAS[bara:has]
MEL	도시명	멜버른	MELBOURNE
MNL	도시명	마닐라	MANILA
	공항명	니노이 아키노	NINOY AQUINO
MUC	도시명	뮌헨	MUNICH
	공항명	프란츠 요제프	FRANZ JOSEF
	도시명	슈트라우스	STRAUSS
MXP	도시명	밀라노	MILAN
	공항명	말펜사	MALPENSA
NAN	도시명	난디	NADI
NGO	도시명	나고야	NAGOYA
	공항명	주부	CENTRAL JAPAN

APPENDIX

CODE	종류	한국어	영어
NGS	도시명	나가사키	NAGASAKI
NRT	도시명	도쿄	TOKYO
	공항명	나리타	NARITA
OIT	도시명	오이타	OITA
OKA	도시명	오키나와	OKINAWA
	공항명	나하	NAHA
OKJ	도시명	오카야마	OKAYAMA
ORD	도시명	시카고	CHICAGO
	공항명	오해어	O'HARE
PEK	도시명	베이징	BEIJING
	공항명	소우뚜	CAPITAL
PNH	도시명	프놈펜	PHNUM PANH
PRG	도시명	프라하	PRAGUE
	공항명	루지네	RUZYNE
PVG	도시명	상하이	SHANGHAI
	공항명	푸동	PUDONG
SEA	도시명	시애틀	SEATTLE
	공항명	타코마	TACOMA
SDJ	도시명	센다이	SENDAI
SFO	도시명	샌프란시스코	SAN FRANCISCO
SGN	도시명	호찌민	HOCHIMINH
	공항명	탄손넛	TANSONNHAT
SHA	도시명	상하이	SHANGHAI
	공항명	홍차오	HONGGIAO
SHE	도시명	선양	SHENYANG
	공항명	탸오쎈	TAOXIAN
SIA	도시명	시안	SIAN
	공항명	쎈양	XIANYANG
SIN	도시명	싱가포르	SINGAPORE
	공항명	창이	CHANGI
SPL	도시명	암스테르담	AMSTERDAM
	공항명	스키폴	SCHIPHOL
SPN	도시명	사이판	SAIPAN

CODE	종류	한국어	영어
SVO	도시명	모스크바	MOSCOW
	공항명	쉐레메트예보	SHEREMETYEVO
SYD	도시명	시드니	SYDNEY
	공항명	킹스폴드 스미스	KINGSFORD SMITH
SYX	도시명	싼야	SANYA
	공항명	펑황	FENGHUANG
SZX	도시명	선전	SHENZHEN
	공항명	바오안	BAOAN
TAO	도시명	칭다오	QINGDAO
	공항명	류팅	LIUTING
TAS	도시명	타슈켄트	TASHKENT
TLV	도시명	텔 아비브	TEL AVIV
	공항명	벤 구리온	BEN GURION
TNA	도시명	지난	JINAN
	공항명	야오챵	YAOQIANG
TPE	도시명	타이베이	TAIPEI
	공항명	타이완 타오유엔	TAIWAN TAOYUAN
TSN	도시명	텐진	TIANJIN
	공항명	빈하이	BINHAI
ULN	도시명	울란바타르	ULAANBAATAR [u:la:n-ba:ta:r]
	공항명	부얀 우하	BUYANT UKHHA
URC	도시명	우루무치	URUMQI
	공항명	디워푸	DIWOPU
UTP	도시명	파타야	PATTAYA
	공항명	우타파오	U-TAPAO
VIE	도시명	비엔나	VIENNA
VVO	도시명	블라디보스토크	VLADIVOSTOK
WEH	도시명	웨이하이	WEIHAI
	공항명	따쉐이푸오	DA SHUI PO
WUH	도시명	우한	WUHAN
	공항명	텐허	TIANHE
YNJ	도시명	옌지	YANJI
YNT	도시명	옌타이	YANTAI
YVR	도시명	밴쿠버	VANCOUVER

2) 국내 공항

CODE	지 역 명	공항 공식 명칭
CJJ	청 주	청주 국제공항
CJU	제 주	제주 국제공항
GMP	서 울	김포 국제공항
HIN	진 주/사 천	사천 공항
ICN	국제선 : 서 울	국제선 : 서울 인천 국제공항
	국내선 : 인 천	국내선 : 인천 국제공항
KAG	강 릉	강릉 공항
KPO	포 항	포항 공항
KUV	군 산	군산 공항
KWJ	광 주	광주 공항
MPK	목 포	목포 공항
MWX	무 안	무안 국제공항
PUS	부 산	부산 김해 국제공항
RSU	여 수/순 천	여수 공항
SHO	속 초	속초 공항
TAE	대 구	대구 국제공항
USN	울 산	울산 공항
WJU	원 주	원주 공항
YEC	예 천/안 동	예천 공항
YNY	양 양	양양 국제공항

* 인천 : 국내선 구간에서만 지역명을 인천으로 한다.

Welcome : Special

1) 새해인사

▶ 실시 일자 : 새해 첫날

손님 여러분, _____ 년 새해가 밝았습니다.
새해 복 많이 받으십시오. [인사]
늘 오늘과 같은 행복한 희망을 안고 한 해를 보내시기 바랍니다.
이 비행기는 _____ 까지 가는 ○○ 항공 _____ 편입니다.
(이하 동일)

Happy New Year, ladies and gentlemen,
On behalf of Captain (FAMILY NAME) and the entire crew,
welcome aboard ○○○○ Air, a member of SKYTEAM,
flight _____ bound for _____ .

2) 설날

▶ 실시 기간 : 설날 연휴 기간

손님 여러분, 새해 복 많이 받으십시오. [인사]

설날 당일	• 우리 민족의 고유 명절인 설날입니다. • 새 희망과 넉넉한 마음을 함께 나누는 훈훈한 설날을 보내시기 바랍니다.
연휴 기간	• 가족과 이웃이 함께 정을 나누는 즐거운 설 명절입니다. • 새로운 희망과 넉넉한 마음을 함께 나누는 훈훈한 설 연휴를 보내시기 바랍니다.

이 비행기는 _____ 까지 가는 ○○ 항공 _____ 편입니다.
(이하 동일)

Good morning (a, e), ladies and gentlemen,

On behalf of Captain (**FAMILY NAME**) and the entire crew,

welcome aboard ○○○ Air, a member of SKYTEAM,

flight _____ bound for _____ .

It is our great pleasure to have you on board/ for the lunar calendar New Year.

Our flight time to _____ will be _____ minutes after take-off.

(이하 동일)

3) 어린이날

고객 여러분 그리고 탑승하신 어린이 여러분, 안녕하십니까 [인사]

미래 사회의 주인공인 여러분의 탑승을 환영하며, 늘 슬기롭고 씩씩하게 자라길 바랍니다.

이 비행기는 _____ 까지 가는 ○○ 항공 _____ 편입니다.

(이하 동일)

4) 어버이날

고객 여러분, 안녕하십니까 [인사]

오늘은 '어버이날'입니다. 부모님의 크신 은혜를 다시 한번 생각하며, 사랑과 감사의 마음을 전하는 뜻 깊은 하루를 보내시기 바랍니다.

이 비행기는 _____ 까지 가는 ○○ 항공 _____ 편입니다.

(이하 동일)

5) 스승의 날

저희 00항공을 찾아주신 고객 여러분, 안녕하십니까 [인사]

오늘은 스승의 날입니다.

오늘의 우리를 있게 해주신 스승의 은혜를 다시 한번 되새겨 보는 소중한 하루를 보내시기 바랍니다.

이 비행기는 _____ 까지 가는 ○○ 항공 _____ 편입니다.

(이하 동일)

6) 추석

▶ 실시 기간 : 추석 연휴 기간

저희 ○○ 항공을 찾아주신 고객 여러분, 안녕하십니까 [인사]

| 추석 당일 | • 오늘은 우리 민족의 고유 명절인 한가위입니다.
• 고향으로 향하는 마음만큼 훈훈함이 가득한 한가위를 보내시기 바랍니다. |
| 연휴 기간 | • 가족과 이웃이 함께 할 수 있어 즐거운 추석 명절입니다.
• 늘 한가위와 같은 풍요로움이 여러분과 함께 하기를 바랍니다. |

이 비행기는 _____ 까지 가는 ○○ 항공 _____ 편입니다.
(이하 동일)

Good morning (a, e), ladies and gentlemen,

On behalf of Captain (FAMILY NAME) and the entire crew,

welcome aboard 0000 Air, a member of SKYTEAM,

flight _____ bound for _____.

| 추석 당일 | • It is our great pleasure to have you on board for '추석', which is Korea's Thanksgiving Day. |

Our flight time to _____ will be _____ minutes after take-off.
(이하 동일)

7) 석가탄신일

저희 ○○항공을 찾아주신 고객 여러분, 안녕하십니까 [인사]
석가탄신을 맞이하여 부처님의 자비를 기리는 뜻깊은 하루를 보내시기 바랍니다.

APPENDIX

이 비행기는 _____ 까지 가는 ○○ 항공 _____ 편입니다.

(이하 동일)

8) 성탄절

▶ 실시 기간 : 12.24 ~ 12.25

저희 ○○항공을 찾아주신 고객 여러분, 안녕하십니까 [인사]

하늘과 땅, 온 누리에 소망이 가득한 성탄절입니다.

이웃과 더불어 사랑을 나누는, 기쁨이 가득한 성탄절을 보내시기 바랍니다.

이 비행기는 _____ 까지 가는 ○○ 항공 _____ 편입니다.

(이하 동일)

Merry Christmas, ladies and gentlemen,

On behalf of Captain (FAMILY NAME) and the entire crew,

welcome aboard 0000 Air, a member of SKYTEAM,

flight _____ bound for _____ .

Our flight time to _____ will be _____ minutes after take-off.

(이하 동일)

⑪ DELAY시 참고 예문

1) 날씨가 좋지 않은 (bad weather)

2) 기상조건 (weather conditions)

3) _____ 공항의 짙은 안개 (dense fog at _____ airport)

4) 공항 관제탑의 이륙허가를 기다리는 (take-off clearance from the control tower)

5) 우리 앞에 이착륙 비행기가 많아 차례를 기다린 (traffic congestion)

6) 활주로의 제설작업 (snow being removed from the runway)

7) 심한 맞바람의 영향으로 (strong headwinds)

8) 공항의 혼잡 (the congestion of _____ airport)

APPENDIX

SKYTEAM 설문지 작성 요청

▶ 배포 시

손님 여러분,

저희 ○○ 항공이 함께 참여하고 있는 SKYTEAM의 서비스를 더욱 향상시키고자/ 설문지를 마련하였습니다.

여러분의 고견은/ SKYTEAM 서비스 개선을 위한 귀중한 자료로 활용될 예정입니다.

설문지 작성에 협조를 해주실 분께서는/ 저희 승무원에게 말씀해 주시기 바랍니다.

여러분의 협조에 깊이 감사드립니다.

Ladies and gentlemen,

We would appreciate you taking a few minutes/ to complete the questionnaire we will distribute.

This will help us improve the in-flight service of SKYTEAM.

Thank you.

⑬ 세계 주요 국가 명칭

국 가 명	영 어
한 국	KOREA
일 본	JAPAN
태 국	THAILAND
싱 가 폴	SINGAPORE
필 리 핀	THE PHILIPPINES
인도네시아	INDONESIA
말레이시아	MALAYSIA
인 도	INDIA
베 트 남	VIETNAM
네 팔	NEPAL
캄보디아	CAMBODIA
중 국	CHINA
대 만	TAIWAN
몽 고	MONGOLIA
호 주	AUSTRALIA
뉴질랜드	NEW ZEALNAD
피 지	FIJI
미 국	THE UNITED STATES
캐 나 다	CANADA
브 라 질	BRAZIL
프 랑 스	FRANCE
독 일	GERMANY
영 국	ENGLAND
스 위 스	SWITZERLAND
네덜란드	THE NETHERLANDS, HOLLAND
이탈리아	ITALY
러 시 아	RUSSIA
이 집 트	EGYPT
오스트리아	AUSTRIA
체 코	THE CZECH REPUBLIC
터 키	TURKEY
아랍에미레이트연방	THE UNITED ARAB EMIRATES
스페인	SPAIN
이스라엘	ISRAEL
우즈베키스탄	UZBEKISTAN

APPENDIX

"신종 인플루엔자" 관련 안내방송

[현지 도착편]

▶ 'Arrival Information'에 추가하여 실시

아울러, 최근 전세계적으로 "인플루엔자 A H1N1" 인체 감염 사례가 발생하고 있습니다. 손님 여러분께서는 여행 중 개인위행에 각별히 주의하시기 바랍니다.

[캐나다 포함 미주노선]
가축농장 방문을 자제해 주시고, 축산물은 한국으로 반입할 수 없으니 유의하시기 바랍니다.

귀국 시 고열과 기침, 인후통, 호흡곤란 등의 증상이 있을 경우 반드시 국립검역소나 가까운 보건소에 신고하시기 바랍니다.
감사합니다.

Also, as human cases of "Influenza A H1N1" virus infection have been identified in the world, please take special care with your personal hygiene while traveling.

[캐나다 포함 미주노선]
And, please refrain from traveling to areas near livestock farms.
At this time please be advised that livestock or farming goods will not be allowed for entry into Korea.

When returning to Korea, please report to the nearest quarantine center or public health center if you are experiencing a fever, cough, swollen or sore throat and difficulties in breathing.
Thank you.

저자소개

김수연

[학 력]
- 동명대학교 관광학 박사

[경 력]
- 경남도립남해대학 관광과 교수
- 카타르 항공사 면접관
- 대한항공객실 선임승무원
- 포스코 미래창조 아카데미 초빙교수
- (사) 한국서비스진흥협회 문제출제위원
- 대구 메디시티 CS심사위원
- 수상 : 문화관광부장관상

[저 서]
대학생을 위한 서비스매너, 취업과 진로,
취업생을 위한 서비스매너실무

[논 문]
SSCI : Coping strategies to manage acculturative
stress: Meaningful activity participation, social
support, and positive emotion among Korean
immigrant adolescents in the USA

양성윤

[학 력]
- 경기대서비스경영전문대학원 서비스경영 박사

[경 력]
전) 아시아나항공 홍보팀
    타이항공 기내통역
현) 소프트전략경영연구원 책임연구원
    에델커뮤니케이션&교육원(원장)
    오산대학교
    청운대학교

[저 서]
서비스맨의 길잡이 매너와 이미지,
Tourism English

이인회

[학 력]
- 세종대학교 호텔관광경영학과 박사과정

[경 력]
전) 대한항공 객실 사무장
    대한항공 인사부, 예약부, 국내승원팀
    백석예술대학교 외래교수
현) 세종대학교 박사과정
    대림대학교 겸임교수
    연성대학교 외래교수
    동양미래대학교 외래교수
    순천향대학교 외래교수
    두원공과대학교 외래교수

이지은

[학 력]
- 경희대학교 호텔서비스산업학과 석사

[경 력]
전) 대한항공 객실승무원
    한국항공전문학교 전임강사
현) 경복대학교 겸임교수
    꿈비 승무원스터디 대표
    (주) BBS KOREA 교육부장

기 내 방 송

초판 1쇄 인쇄 2015년 2월 5일
초판 1쇄 발행 2015년 2월 10일

저　　자　김수연 · 양성윤 · 이인희 · 이지은
펴 낸 이　임순재
펴 낸 곳
등　　록　제11-403호
주　　소　서울시 마포구 성산동 133-3 한올빌딩 3층
전　　화　(02)376-4298(대표)
팩　　스　(02)302-8073
홈 페 이 지　www.hanol.co.kr
e - 메 일　hanol@hanol.co.kr

값 15,000원　ISBN 979-11-5685-055-7
■ 이 책의 내용은 저작권법의 보호를 받고 있습니다.
■ 잘못 만들어진 책은 본사나 구입하신 서점에서 바꾸어 드립니다.
■ 저자와의 협의 하에 인지가 생략되었습니다.